Biblioteca de Derecho Constitucional

Domingo García Belaunde
(Director)

Carlos Antonio Agurto Gonzáles
Sonia Lidia Quequejana Mamani
María-Pía Guadalupe Díaz Díaz
Benigno Choque Cuenca
(Coordinadores Generales)

Courtenay P. Ilbert

El Parlamento. Su historia, constitución y práctica

Edición al cuidado de
Carlos Antonio Agurto Gonzáles
Sonia Lidia Quequejana Mamani
Benigno Choque Cuenca

Ediciones Olejnik

Título: El Parlamento. Su historia, constitución y práctica

© Courtenay P. Ilbert

Traducción de Julio Calvo Alfaro

© Ediciones Olejnik
Huérfanos 611, Santiago - Chile
E-mail: contacto@edicionesolejnik.com
Web site: http://www.edicionesolejnik.com

Primera edición en Ediciones Olejnik: 2020

ISBN: 978-956-392-806-8

Diseño de Carátula: Ena Zuñiga
Diagramación: Luis A. Sierra Cárdenas

Impreso en Argentina 2020 Printed in Argentina

ÍNDICE

CAPÍTULO I

ORIGEN Y DESARROLLO

La voz «parlamento» vale, originariamente, tanto como conversación. Las reglas monásticas del siglo XIII la aplican, en su forma latina, a las conversaciones de los monjes en sus claustros, después de la cena, conversaciones que las Reglas condenaban como poco edificantes. Algo más tarde, la voz se usó para designar ciertas conferencias solemnes, tales como la del año 1245 entre Luis IX de Francia y el Papa Inocencio IV. Un cronista de la época, cuando Enrique III convocaba un consejo o conferencia de magnates para discutir agravios, lo denominaba «tener un parlamento». La palabra nació en Inglaterra y pronto se aplicó con regularidad a las Asambleas nacionales convocadas de vez en cuando por Eduardo I, el gran sucesor de Enrique, adquiriendo cierto carácter definitivo en lo que fue denominado después «Parlamento modelo» de 1295. La voz, como puede observarse, significó en un principio la conversación en sí misma, la conferencia celebrada, no las personas reunidas en ella. Gradualmente fue transfiriéndose el sentido a la corporación de las personas reunidas en conferencia, al igual que ocurre con la palabra «conferencia» que posee un doble sentido. Al mismo tiempo que Eduardo I organizaba sus instituciones parlamentarias, nacían en Francia otras de índole semejante. Pero la institución que en Francia corresponde al Parlamento inglés tiene historia diferente y diferente destino. El Parlamento francés se convirtió en una institución judicial, aunque aspirase a intervenir en la formación de las leyes.

La historia del Parlamento inglés puede dividirse en cuatro grandes períodos capitales: el de los Parlamentos medievales, de que fue modelo y tipo el de 1295; el período de los Tudor y los Estuardos, cuyo núcleo está constituido por la época de conflictos entre el Rey y el Parlamento, entre la prerrogativa y el privilegio; el período comprendido entre la revolución de 1688 y la Ley de Reforma de 1832, y el moderno período que comienza en 1832.

Trataremos de reseñar, en líneas generales, los elementos que sirvieron de base al Parlamento de 1295 y las etapas principales por que atravesó en su desenvolvimiento.

Siempre se ha sustentado como principio en Inglaterra que en asuntos graves, tales como la formación de las leyes, el Rey no debía obrar sin consejo y consentimiento. El consejo y consentimiento que necesitaban los reyes sajones eran los de sus sabios, y el «Witenagemot» de la historia constitucional de Inglaterra era una reunión de estos. Parece ser —dice Maitland— que fue una institución muy inestable e indefinida, siendo una asamblea formada por gentes principales. Cuando el poder real era fuerte, determinaba cómo debía constituirse la Asamblea y quién había de asistir a ella. Cuando los reyes eran débiles, la Asamblea corría el riesgo de desenvolverse de un modo anárquico. El «Witenagemot» sajón no era numeroso: las personas de menor categoría, especialmente si vivían lejos, no podían asistir; los magnates, a menudo, tampoco asistían. La institución no pasó de ser una salvaguardia contra la tiranía. Hay que hacer notar el hecho importante de que, hasta que comenzó la conquista normanda, ningún rey inglés tomó a su cargo la misión de legislar o establecer impuestos sin el consejo y consentimiento de una asamblea nacional; una asamblea de sabios, es decir, de magnates.

La conquista normanda abrió una gran brecha en las instituciones inglesas, aunque no tan importante como se supuso en algún tiempo. En primer lugar, Guillermo el Conquistador tenía que construir con materiales ingleses y sobre cimientos ingleses. Por otra parte, las instituciones inglesas, durante el reinado de Eduardo el Confesor, se habían aproximado rápidamente a las del tipo continental. Lo que hizo Guillermo fue consolidar, más bien que introducir, ciertos principios de lo que después se describió vagamente como sistema feudal, adaptándolos a sus miras personales. Insistió en el principio de que toda la tierra de la nación pertenecía, en último título posesorio, al Rey. No existirían verdaderos propietarios de tierras, sino tenedores o arrendatarios. Mantuvo el criterio de que todos los terratenientes de la nación debían feudo al Rey. Los terratenientes podían tomar tierras en censo, de otro señor; pero esta dependencia respecto de otro señor se subordinaba al vasallaje debido al Rey.

Al dividir el territorio inglés entre la multitud de aventureros que habían seguido al Rey en su conquista, y a quienes este debía recompensar por su intervención en la campaña, intentó debilitar la fuerza de los grandes señores, esparciendo sus Estados por distintos lugares de Inglaterra, mezclando entre ellos a otras personas de menor categoría, que poseían tierras, no por intervención de otro señor, sino directamente del Rey. No consiguió completamente su deseo, ya que él y los reyes que le sucedieron hubieron de apoyarse en las clases poderosas. Pero la existencia, junto a los grandes señores, de un número de terratenientes de escasa importancia, que poseían la tierra también directamente del Rey, tuvo un valor importante en el desarrollo del Parlamento. Los reyes normandos eran déspotas, rebeldes a toda restricción constitucional, e influidos únicamente por la resistencia de los súbditos poderosos y turbulentos. Pero conservábanse tradiciones de tiempos mejores, cartas de privilegios, rotas a menudo, pero siempre en vigor, con ayuda de las cuales aseguraban su derecho a la Corona aquellos reyes cuyos títulos de sucesión eran dudosos, prometiendo observar tales tradiciones; y existía el convencimiento de que, aparte aquellas promesas, era prudente y político obtener una expresión de consejo y consentimiento, si era posible obtenerla. «Tres veces al año —dice la crónica sajona del Conquistador— el rey Guillermo ceñía sus sienes con la corona, cuando se encontraba en Inglaterra: en Pascua de Resurrección, en Winchester; en Pentecostés, en Westminster; y en Navidad en Gloucester; y en esos días, todos los hombres de Inglaterra estaban a su lado: arzobispos, obispos y abades, condes y caballeros.» «Todos los hombres de Inglaterra»; ¿qué quiere decir esto? Para el cronista sajón, significa probablemente los súbditos de calidad, la sabiduría y la grandeza, aquellos que podían asistir a un concejo medieval. Pero la Corte de Guillermo era una Corte feudal y, desde el punto de vista normando, acaso fuese una asamblea de los principales terratenientes del Rey. Estos, no obstante, eran numerosos y, muchos de ellos, personas de inferior categoría, siendo probable que solo se convocara a unos cuantos seleccionados. Cortes o grandes Concejos de esta misma índole se reunieron bajo los últimos reyes normandos, pero se sabe muy poco tocante a su composición y funcionamiento. Todo lo que puede decirse con seguridad es que las escasas medidas legislativas promulgadas en este período fueron hechas con el consejo y consentimiento de los grandes hombres. Lo que nos interesa observar es la transformación de la institución a que se pedía consejo y consentimiento, desde un punto de vista meramente feudal, formada de grandes vasallos o principales terratenientes, en una institución representativa de la nación entera.

Enrique II dio un primer paso estableciendo un tributo sobre bienes muebles —el diezmo de Saladino de 1188—, siendo asesorado por un jurado de vecinos; jurado que, en cierto modo, representaba al contribuyente y a la parroquia en que habitaba, y de esta forma pusiéronse en contacto las dos ideas de tributación y representación.

La Carta Magna de 1215 declaraba que los subsidios feudales de carácter excepcional no podían establecerse sin asistencia del Consejo general del Reino. Pero este consejo había de ser dado por una asamblea formada de prelados y grandes señores convocados individualmente, y de los principales terratenientes colectivamente convocados por medio de sus «sheriffs»[1]. Es decir, que todavía era una asamblea feudal.

En 1254 se dio un nuevo paso. Hallándose Enrique III en una gran penuria monetaria, fue requerido cada «sheriff» para que enviara dos caballeros de su condado que decidiesen los auxilios que podían proporcionar al Rey en su gran necesidad, ya que estos caballeros representaban, no solamente a los principales propietarios, sino a todos los ciudadanos libres del condado, por ser como eran sus representantes.

Once años más tarde, en 1265, Simón de Montfort convocó a su famoso Parlamento, que representaba no solamente a los condados, sino también a las ciudades y villas.

Eduardo I convocó varias grandes asambleas que, generalmente, fueron denominadas Parlamentos, y que dictaron leyes importantes, aunque algunas de ellas fueron hechas sin el asentimiento de los representantes populares.

El Parlamento modelo que estableció el tipo general para lo por venir se reunió en 1295. El rey Eduardo convocó separadamente en este Parlamento a los dos arzobispos, a todos los obispos, a los grandes abades, siete condes y cuarenta y un barones. Los arzobispos y obispos recibieron instrucciones para hacerse acompañar del arcipreste, de sus archidiáconos, de un procurador por el clero de cada catedral y de dos procuradores por el clero de cada diócesis. A cada «sheriff» se le ordenó que hiciera elegir dos caballeros de cada condado, dos ciudadanos de cada ciudad y dos de cada villa.

En la constitución de este Parlamento deben anotarse especialmente dos extremos. En primer lugar, no eran Cortes feudales, ni una reunión de terratenientes del Rey, sino una Asamblea nacional. Había sufrido mucho Eduardo con la alta nobleza que le tuvo prisionero en la fortaleza de Lewes, y por eso desea-

[1] Funcionarios encargados de la ejecución de las leyes.

ba proporcionarse el consejo y la ayuda de otras clases sociales. Su Parlamento fue concebido de tal forma que en él tuvieran representación los tres grandes estamentos o clases en que la sociedad medieval podía ser dividida: el clero, la nobleza y el estado llano; los que oraban, los que guerreaban y los que trabajaban, como ha hecho observar Maitland. La misma idea inspira los tres *Estados Generales* que nacieron en Francia por esta misma época y que se reunían a intervalos durante muchas centurias. Después de un período de 175 años, los tres estamentos de Francia fueron convocados para reunirse en cuerpos separados, por última vez, en 1789; pero pronto quedaron absorbidos por la Asamblea nacional que inició la Revolución Francesa.

La idea de los tres estamentos no se realizó nunca en Inglaterra. La cláusula en virtud de la cual los arzobispos y obispos debían llevar consigo representantes de su jurisdicción, cláusula todavía en vigor y con la que se les convoca en la actualidad, era olvidada con frecuencia. El clero prefería reunirse aparte, en sus propias convocatorias y asambleas, para tratar en ellas de los subsidios que podían aportar para subvenir a las necesidades del Rey. Los arzobispos, obispos y principales abades, asistían, como habían asistido siempre a los grandes consejos de reyes anteriores. Pero entonces no concurrían solamente en concepto de clero, sino como grandes señores feudales propietarios de tierras.

Los caballeros de los condados surgieron de la misma clase de los grandes barones. La palabra «barón», en su origen, solo significa «hombre», y durante algún tiempo existió gran incertidumbre respecto de quién debería considerarse persona lo bastante importante para ser convocada individualmente, y quiénes habían de resignarse a ser representados, como ocurría con otros hombres libres, por los caballeros de los condados. El título de barón comenzó a darse, eventualmente, a las personas más importantes convocadas por separado. Los caballeros que representaban a los condados, cuando venían a Westminster, se mezclaban con los representantes de las ciudades y las villas. En tiempo de Eduardo III existió el riesgo de que los comerciantes fueran consultados aparte, como una clase diferente, para la fijación de tributos; pero esta posibilidad fue descartada, Si las cosas hubieran ocurrido de manera algo diferente, el Parlamento inglés se hubiera desdoblado en tres Cámaras distintas, al igual que en Francia, o se hubiera agrupado en una sola como en Escocia, o en cuatro, como en Suecia. Pero el clero inferior no tenía representación; el alto clero, los señores espirituales, se sentaban junto a los señores temporales, y los caballeros de los condados mezclábanse con los representantes de las ciudades y villas. Este Parlamento vino a ser una Asamblea, no de tres clases o estamentos, sino de dos cuerpos colegisladores: el formado por los señores espirituales y temporales, y el que representaba al resto de la nación; la Cámara de los Lores y la Cámara de los Comunes.

Otro punto digno de atención es que el Parlamento era una prolongación, con fines transitorios, del Consejo permanente del Rey. Los reyes normandos y Plantagenets, como todos los reyes, necesitaban constante ayuda para atenciones domésticas y de ceremonial y para los negocios del gobierno, tales como la administración de justicia y la exacción y administración de tributos. Las Cortes o Consejos integrados por los hombres en que el Rey confiaba más, tomaban distintos nombres, eran varios en número, y ejercían funciones diversas. Al acrecentarse y especializarse las misiones del Gobierno, estas instituciones nebulosas fueron tomando formas más concretas con funciones más definidas, y al margen de ellas nacieron los tribunales reales de justicia y los grandes departamentos del Gobierno central. Cuando el Rey convocaba a sus grandes asambleas, tenía necesidad de estar rodeado de aquellas personas en que acostumbraba a depositar su confianza, para que le aconsejasen y asistiesen. De acuerdo con esto fueron convocadas, por ejemplo, en un Parlamento de 1295, personas que no eran ni condes ni barones, pero sí miembros del Consejo Real y, en particular, los jueces del Rey. En nuestros días, los jueces del Tribunal Supremo son convocados a Parlamento y algunos de ellos ocupan asiento en la Cámara de los Lores cuando el Rey abre las Cortes.

El hecho de ser el Parlamento medieval una expansión de los Consejos Reales explica la naturaleza de los asuntos que habían de tratar. La causa inmediata de convocar un parlamento era, ordinariamente, la necesidad de dinero. El Rey había realizado o tenía que realizar gastos imposibles de atender con sus recursos ordinarios, como eran las rentas de la Corona y los subsidios feudales normales. Entonces convocaba a un parlamento, y por medio de su canciller o algún otro ministro exponía lo que deseaba y cómo lo deseaba. El discurso del Rey podía referirse a otros extremos importantes sobre que necesitara consejo o consentimiento, pero la cuestión pecuniaria era la esencial. Por otra parte, los súbditos del Rey sufrían agravios que deseaban ver corregidos. Estos eran de diferentes clases: la violación de costumbres antiguas, la falta de cumplimiento de leyes y privilegios, la opresión de las autoridades representativas del Rey o de los magnates, la mala administración de la justicia, las dificultades en el procedimiento judicial, etc. Para solventar estas reclamaciones, los demandantes presentaban sus peticiones; tenían estas un carácter muy diverso, y no se diferenciaban mucho de las presentadas en la Asamblea nacional en los comienzos de la Revolución Francesa. Las reclamaciones se hacían ante el Parlamento Real o ante su Consejo, siendo el Parlamento el cuerpo oficial por medio del que eran cursadas estas. Los procedimientos arbitrados para remediar los errores podrían ser clasificados, en lenguaje moderno, en judiciales, legislativos y administrativos. Pero en el siglo XIII estas diferencias no se hallaban bien definidas.

Un Estatuto hecho por Eduardo I en su Parlamento de 1292, conocido por el Estatuto de Sucesiones, basado en una solicitud presentada en el Parlamento, suministra una excelente ilustración sobre el modo de combinarse los recursos judiciales, legislativos y administrativos. El Estatuto comienza por un largo relato explicando cómo Gawin Butler presentó una reclamación ante la justicia real por perjuicios ocasionados en tierras de su posesión; pero falleció antes de que recayese sentencia. Detalla cómo su hermano y heredero Guillermo, menor de edad y bajo la tutela del Rey, obró para continuar el procedimiento legal, y cómo los jueces discrepaban sobre los derechos que tenía para continuarlo. Entonces el Rey ordenó, en pleno Parlamento, por medio de su Consejo, o por el general consentimiento (ya que el texto latino alterna entre las dos expresiones de «concejo» y «consejo»), que todo heredero pueda elevar por escrito un recurso legal sobre perjuicios ocasionados en vida de sus ascendientes, y el propio Rey instruye a sus jueces para que dicten sentencia de acuerdo con este principio. En este caso, el Rey ejerce, sucesivamente, su capacidad legislativa, estableciendo una ley, la judicial, revisando y controlando los procedimientos de sus jueces, y la administrativa, como tutor de un menor de edad.

Al comienzo de cada Parlamento, el Rey, o su Consejo Superior en su nombre, designaba varias personas para que recibiesen y estudiasen esas peticiones; es decir, para que las seleccionasen, para que buscasen el remedio, si existía alguno, que exigía cada petición, y para que llevasen a la práctica esa solución. Los auditores encargados de recibir tales reclamaciones eran miembros del Consejo Real. Hasta cerca de fines del siglo XIX, estos cargos de auditores se nombraban en Inglaterra, Escocia y Gascuña, respectivamente (ya que Eduardo I gobernaba en Gascuña a la vez que en Inglaterra), al comenzar cada Parlamento, inscribiendo los nombres en el diario oficial de los Lores. Pero sus funciones habían cesado ya hacía muchas centurias.

Las sesiones de un Parlamento medieval no se prolongaban durante muchos días. Los viajes eran difíciles, peligrosos y caros; los parlamentarios no podían permanecer largo tiempo alejados de sus casas. El principal objeto de la reunión era un pacto entre el Rey y sus súbditos. El Rey necesitaba dinero, y, para que este fuera concedido, exigíase que fueran atendidas ciertas reclamaciones, sobre las que se habían presentado las debidas solicitudes.

Cuando se había llegado a un acuerdo respecto a la cantidad de dinero necesaria y se estipulaban las condiciones, los Comunes y muchos de los Lores regresaban a sus comarcas, dejando a los consejeros del Rey y miembros de su Consejo en el trabajo de distribución y ordenación de los procedimientos legislativos o de otra índole que se considerasen necesarios y apropiados.

Debemos a este período del llamado Parlamento de los Plantagenets las ceremonias parlamentarias más pintorescas, las que rigen la apertura del Parlamento, y la sanción regia de las leyes. Podemos imaginarnos el Parlamento medieval como algo parecido a una recepción de príncipes orientales, semejantes a la del último Emir de Afganistán, con el Rey, sentado en el trono, asistido por sus cortesanos y altos jefes militares, escuchando las peticiones de sus súbditos y determinando lo que debía y cómo debía dárseles solución.

De los cambios que en la composición del Parlamento acaecieron en este período, hablaremos más adelante; ahora diremos algunas palabras sobre las transformaciones de sus poderes y funciones, especialmente con respecto a las dos ramas más importantes de su actividad: tributación y legislación.

Antes de fines del siglo XIV, el Parlamento había establecido dos principios de tributación. En primer lugar, se había eliminado la facultad del Rey de imponer tributos directos sin consentimiento de aquél, y se había restringido la de imponer los indirectos sin dicha conformidad, ya que tales tributos debían ser justificados, de acuerdo con la costumbre reconocida en la Carta Magna. En segundo lugar, el Parlamento había adquirido el derecho de imponer tributaciones de toda clase, directas e indirectas. Al imponer estas contribuciones no se pensaba ir más allá de las necesidades de cada caso. De aquí la precisión de que se celebrasen parlamentos frecuentes.

De acuerdo con el principio de los tres estamentos, cada clase debía fijar sus tributaciones separadamente, teoría, que fue observada en un principio. El clero fijaba sus subsidios, no en el Parlamento, sino en reuniones aparte, y continuó haciéndolo así, últimamente, solo en teoría, hasta después de la Restauración de 1660. Pero durante mucho tiempo antes de esta fecha ordenó sus tributaciones entre las de los seglares. En una época mucho más lejana, antes de fines del siglo XIV, los Lores y los Comunes, en lugar de tributar por separado, lo hacían en conjunto. Y como el gravamen pesaba sobre las clases modestas, adoptóse una fórmula que ponía a estas a salvo de tal peligro. La fijación de tributos la hacían los Comunes con el consentimiento de los señores espirituales y temporales. Apareció esta fórmula en 1395, constituyéndose más tarde en ley. En 1407, ocho años antes que Enrique IV ascendiera al trono, establecióse el importante principio de que la distribución tributaria fuera iniciada por la Cámara de los Comunes, y que no se presentase al Rey hasta, que ambas Cámaras se hubieran puesto de acuerdo, siendo comunicada por mediación del Presidente de la Cámara de los Comunes. Esta regla se observa estrictamente en la actualidad. Cuando una ley de hacienda, tal como el presupuesto financiero de cada año u otra ley financiera de carácter extraordinario, ha sido aprobada por la Cámara de los Comunes y sancionada por la de los Lores, se devuelve —cosa que no ocurre con otras leyes— a la Cámara de los Comunes. El día señalado para la sanción regia, el Secretario de la Cámara de los Comunes recoge la ley, en las oficinas de la Cámara de los Lores, para llevarla al Presidente, quien la entrega personalmente al oficial encargado de esta misión, el cual notifica el asentimiento.

Desde el reinado de Enrique VII, la fórmula de las actas del Parlamento se han sujetado siempre a esta redacción:

«Es estatuido por Su Majestad el Key (o Reina), por y con el conocimiento y consentimiento de los Lores espirituales y temporales y los Comunes reunidos, en el presente Parlamento y por la autoridad del mismo, lo que sigue.» Esta fórmula tuvo su origen en lo que hemos llamado anteriormente período medieval del parlamentarismo. En los comienzos de este período, el Rey dictaba las leyes con los requisitos de «conocimiento» y «consentimiento». Una ley antigua e importante menciona haber sido promulgada a instancias de los grandes señores. Más tarde, estando en plena actividad la totalidad del cuerpo parlamentario, incluidos los Comunes, el requisito se hizo esencial. Pero los Comunes aparecían generalmente, en los comienzos, en una posición subordinada. En el siglo XIV, la fórmula adoptada era que el Estatuto se hacía con el consentimiento de los condes, prelados y barones, y a petición de los caballeros y los Comunes reunidos en Parlamento. Los Comunes aparecían como solicitantes de las leyes, más bien que como legisladores. Y en verdad esto es lo que eran. Presentaban sus solicitudes, en las que podían pedir modificaciones o rectificaciones legislativas, y correspondía al Rey, con la ayuda de sus consejeros más íntimos, determinar las disposiciones legales requeridas en cada caso y, cuando era preciso, la forma de su aplicación.

Durante el siglo XIV existía a menudo el riesgo de que, aunque fuera votada una ley, al ser redactada esta no estuviera de acuerdo con la petición sobre que se basó. El estatuto no se redactaba antes de que el Parlamento se hubiese disuelto. Su forma se fijaba según el criterio del Consejo Real, lo que motivaba muchas reclamaciones sobre las diferencias existentes entre lo que se había pedido y lo que en realidad se estatuía. Al fin, en 1414, poco tiempo después de ocupar el trono Enrique V, el Rey concedió aquello que los Comunes habían solicitado con tanto empeño: «que nunca debía ser modificada una ley, al elevarla a estatuto, con ninguna agregación, ni ser desvirtuada por término alguno que pudiera cambiar el sentido e intención de lo solicitado». Y el Rey, en respuesta, concedió que en lo sucesivo «nada debía ser estatuido, en lo pedido por los Comunes, contrario a su solicitud, sin que fuera sancionado con su asentimiento». Esta concesión creó un cambio importante en el método de estatuir leyes. Se siguió, desde entonces, la costumbre de presentar al Rey, no una solicitud, sino un proyecto de ley, redactado en forma de estatuto, de manera que el Rey no tenía otra alternativa que asentir o negar. La legislación por medio de leyes ya escritas sustituyó al sistema de peticiones. Esta práctica fue debidamente regulada a fines del reinado de Enrique VI.

Los cambios en la práctica dieron como consecuencia cambios en la forma legislativa. Se dispuso que los estatutos se hicieran con conocimiento y consentimiento de los Lores y Comunes, situándose ambas Cámaras en un plano de igualdad. Antes de la mitad del siglo XV se hizo una importante adición a esta fórmula; se disponía que los estatutos debían ser hechos no solamente con el conocimiento y consentimiento de los Lores y Comunes, reunidos en Parlamento, sino «por la autoridad de los mismos». Tal modificación dio por resultado que la autoridad de la legislación residiera en ambas instituciones parlamentarias. Las dos Cámaras se constituyeron no solamente en cuerpos jurídicos cuyas atribuciones eran meramente las de acoger, consentir o solicitar, sino en una verdadera autoridad legislativa; no obstante, subsistió aún el poder de rehusar el asentimiento a lo legislado, y fue ejercido a menudo en fechas mucho más posteriores, expresándose con la fórmula cortesana: «El Rey examinará».

El poder político del Parlamento creció rápidamente en los siglos XIV y XV. En 1327 un Parlamento que había sido reunido en nombre de Eduardo II, decidió, en procedimiento sumarísimo, su renuncia al trono, forzándole a abdicar. Pero el procedimiento seguido en el destronamiento de Ricardo II fue más solemne. Ricardo se vio obligado a convocar un Parlamento y a firmar en él su renuncia al trono. El Parlamento reunióse en el salón de Westminster, que el propio Ricardo había reconstruido, y que se hallaba en forma parecida a como se encuentra hoy. Aquella asamblea aceptó la renuncia, y después de posteriores deliberaciones declaró que el monarca quedaba depuesto, y resolvió que Enrique Lancaster sería Rey en su lugar. Un Parlamento que podía hacer y deshacer reyes era, sin duda alguna, una institución formidable. Se ha dicho que los reyes lancasterianos fueron reyes nombrados por el Parlamento. Durante las querellas del siglo XVII entre el Rey y las clases humildes, el pueblo volvió a los tiempos del período lancasteriano, la edad de oro del Parlamento, y los precedentes de esta época han sido citados a menudo en asuntos parlamentarios. Pero en el siglo XV los tiempos no fueron buenos para el Gobierno parlamentario. Las facultades del Parlamento cayeron en manos de la nobleza turbulenta. Enrique V fue un guerrero famoso y hábil. Pero Enrique VI comenzó su reinado siendo un niño y lo terminó siendo un idiota; fue gobernado por tíos sin escrúpulos y por una reina perversa, y las luchas sangrientas, conocidas por la Guerra de las Rosas, acabaron con la dinastía de los Plantagenets, llenando de luto a la más antigua nobleza y despejando el camino para una nueva forma de monarquía.

La Era de los Tudor, al menos durante el reinado de Enrique VIII y de Isabel, es un período de monarcas fuertes que gobernaron con la autoridad del Parlamento. Enrique VIII aceptó el principio de Enrique IV, de que el Rey debía gobernar con el Parlamento; pero interpretó este principio de una manera completamente distinta. Hizo del Parlamento un instrumento de su propia voluntad y consiguió persuadirlo o forzarlo a ejecutar lo que era de su personal capricho. Durante su gobierno, el Parlamento desafió y venció todos los demás poderes, espirituales y temporales, e hizo cosas que ningún rey ni Parlamento alguno habían intentado hacer jamás, cosas terribles e inauditas. Isabel se querelló con sus Parlamentos por entrometerse en asuntos que, según opinión suya, no eran de su competencia, y más de una vez amonestó severamente al Presidente de los Comunes; pero nunca llevó sus polémicas demasiado lejos, y siempre halló medio de terminar sus disputas con algún arreglo hábil. El resultado de su táctica fue que los Parlamentos accedieran casi siempre a sus deseos. Antes de Enrique VIII, la vida del Parlamento se limitaba, por lo general, a una sola sesión, y estas eran cortas: después, los parlamentos fueron más largos. La reforma parlamentaria de Enrique VIII duró siete años. Uno de los Parlamentos de Isabel duró once años, aunque es cierto que solo se reunió en tres sesiones. El Parlamento no era ya una asamblea de corta duración, disuelta tan pronto como se daba solución a algún asunto determinado. Tendía a ser un poder permanente en el Estado, con atribuciones formidables, y el monarca que sabía asir las riendas parlamentarias sin ningún temor, podía «reconocer» la soberanía de este, ya que era la suya propia. Nunca estuvo la soberanía y autoridad del Parlamento más sólidamente sostenida que en tiempo de los Tudor. Thomas Smith, que fue secretario de la reina Isabel, declaraba, en un libro que publicó en 1589 y que intituló *El Estado inglés y el modo de gobernarlo,* que «el poder más alto y absoluto del Reino inglés era el Parlamento». Tales doctrinas pudieron admitirse como verídicas mientras duró el reinado de los Tudor; al desaparecer estos, contribuyeron a hacer que se tambaleara el trono.

Fue en tiempo de los Tudor cuando ambas Cámaras comenzaron a llevar sus diarios, y cuando la de los Comunes tuvo, con carácter permanente, residencia propia. Pero estos son asuntos de los que habremos de tratar más adelante. Gracias a la existencia de diarios parlamentarios comenzamos, en esta fecha, a conocer muchos más datos sobre la vida del Parlamento que en tiempos anteriores. Durante la época de los Plantagenets, algunas de las fórmulas características del procedimiento parlamentario, tales como las tres lecturas de los proyectos de ley, habían sido establecidas sin que se registrara el acuerdo. En los diarios se hacen constar las fechas de todas las lecturas. En un principio, el texto es somero, pero después va ampliándose. Detállanse reglas y prácticas cuyos precedentes son luego investigados y seguidos. Se fijaron las líneas generales del sistema parlamentario, y, el origen de una gran parte de las leyes que regulan la vida del Parlamento, que no se encuentran establecidas en disposiciones de carácter permanente, puede ser referido a los tiempos de la reina Isabel.

Jacobo I ascendió al trono por sucesión. Hablaba mucho, y sin cordura alguna, sobre su derecho divino a gobernar, y no tardó en empezar a querellarse con sus Parlamentos. El Parlamento reclamó y obtuvo algunos privilegios importantes, tales como el derecho a diferir los aplazamientos sin licencia del Rey, y el de solucionar disputas referentes a la validez de elecciones. Otras cuestiones, tales como el derecho a votar tributos, quedaron para ser desarrolladas bajo su sucesor. El Rey y el Parlamento eran instituciones mutuamente hostiles, y el último sentíase celoso de la intervención del Rey en la vida parlamentaria, a veces por el conocimiento de su régimen interno.

Las líneas principales de las fórmulas que rigen el sistema parlamentario se establecieron durante el siglo XVII. El sistema de comisiones nació bajo el reinado de Isabel y de su sucesor. Se designaban pequeñas comisiones para estudiar los detalles de los proyectos de ley y otros asuntos, las cuales se reunían en Westminster, o algunas veces en el Temple, o en otro lugar cualquiera. Para cuestiones de más importancia nombrábanse comisiones más numerosas, procurando que formaran parte de ellas los miembros deseosos de asistir, ya que había grandes dificultades para conseguir una reunión del pleno. De aquí nació el sistema de las grandes comisiones y de las otras comisiones parlamentarias que describiremos en un capítulo posterior. Antes del fin del siglo XVII, el sistema parlamentario inició la trayectoria seguida hasta después de la reforma de 1832. La primera edición del libro de Erskine May sobre procedimiento parlamentario se publicó en 1844, y «el procedimiento parlamentario de 1844» —dice R. Palgrave en el prefacio de su décima edición—, «era esencialmente el sistema porque se rigió la Cámara de los Comunes, durante el Parlamento largo». Las querellas constitucionales del siglo XVII, que culminaron en la gran guerra civil, tenían por causa, primeramente, la cuestión de si el Rey debía ser la representación del Gobierno o si debía serlo el Rey con el Parlamento, y más tarde, si debía gobernar el Rey o el Parlamento. Strafford, enérgico ministro de un rey débil, hizo un ensayo para gobernar sin el Parlamento, y fracasó. El llamado Parlamento «Largo» trató de gobernar sin el Rey, y fracasó también. Durante el período de la Revolución, la Cámara de los Comunes creó comisiones ejecutivas que recuerdan los famosos comités ejecutivos de la Revolución Francesa. Pero el gobierno por medio de comisiones no tuvo buen éxito. El gran gobierno de Cromwell fue una serie de intentos para reconciliar la autoridad «individual» con la autoridad del Parlamento. El régimen monárquico restaurado con Carlos II se deshizo bajo Jacobo II. Dejóse para la «gloriosa revolución» de 1688 y para la dinastía de los Hannover la misión de desenvolver el ingenioso sistema de acoplamientos y compromisos que se conoce actualmente, unas veces, como gobierno de Gabinete, y otras como gobierno de Parlamento. Algo más diremos ulteriormente sobre el desarrollo y forma de trabajo de este sistema.

Los dos últimos períodos parlamentarios citados anteriormente deben ser estudiados en términos generales. El siglo XVIII fue una gran Era de oratoria parlamentaria, pero no de gran valor legislativo. Los poderosos terratenientes que formaban la Cámara de los Comunes por sí o por sus representantes, así como los caballeros de los condados o representantes de distritos electorales artificiosos, se contentaban con su misión de formular, a modo de leyes parlamentarias, reglas para guía de los propietarios de tierra, como jueces de paz. El sistema parlamentario tendía a consolidarse y a adquirir más fuerza oficial. Se iban introduciendo silenciosamente importantes modificaciones constitucionales, aunque no eran, como las leyes, sancionadas por la legislación. Una de las pocas excepciones fue la Ley de 1715, que hacía pasar el límite de tres años, establecido en el Acta de 1649, a siete años, como máxima duración de un Parlamento. El poder quedó primeramente en manos de las familias de los grandes magnates del partido progresista encumbrado por la revolución de 1688; después, durante algún tiempo, en las del Key y sus amigos, y, finalmente, lo recogió el genio parlamentario de Pitt, en quien Jorge III tuvo la fortuna de hallar un consejero modelo.

La convulsión de la Revolución Francesa que repercutió en toda Europa y cambió su vida, no se extendió al pueblo inglés. Produjo en él algunos efectos inmediatos, pero estos fueron la resistencia y la reacción, y dieron por resultado que el período del antiguo régimen se prorrogase más de treinta años después de terminado el siglo XVIII.

Leipzig y Waterloo detuvieron en Europa el curso de la Revolución. Pero, tras un nuevo ensayo dé quince años, murió en las barricadas de París de 1830 la monarquía francesa de la Restauración. Dos años más tarde, la Ley de 1832 reformó la constitución de la Cámara de los Comunes, invistiéndola de nuevos poderes. Al cabo de dos años, el incendio del 16 de octubre de 1834 destruyó la antigua residencia del Parlamento. De los edificios que durante tantas centurias habían cobijado las reuniones parlamentarias nada queda hoy en pie, a excepción de la gran sala edificada por William Rufus y reconstruida por Ricardo II, y algunas partes de los claustros agregados a la capilla de San Esteban poco tiempo antes de la disolución de su cabildo. El nuevo Parlamento tuvo que edificar una nueva casa, la que actualmente se llama palacio de Westminster.

CAPÍTULO II

CONSTITUCIÓN DE LA CÁMARA DE LOS COMUNES

No es por una falta de consideración hacia la Cámara de los Lores por lo que dejamos la descripción de esta para un capítulo posterior, sino porque el sector principal de los asuntos parlamentarios se desarrolla en la Cámara de los Comunes, ya que la posición legislativa de la otra Cámara es subordinada, en la legislación inglesa, y porque la situación y funcionamiento de la de los Lores no puede comprenderse si no se explican previamente las funciones de la de los Comunes.

La palabra «Comunes» posee doble sentido. Desde el punto de vista técnico, la Cámara de los Comunes era, en tiempos de su fundación, la comunidad o corporación representativa de las comunidades de condados y villas. «Los Comunes —dice Stubbs— son las comunidades, las corporaciones organizadas de hombres libres de los condados y pueblos, y el estado de Comunes es la corporación general formada por tales comunidades para fines parlamentarios.» Pero la palabra posee otro matiz de interpretación reflejado en el uso moderno de la voz *commoner*[1].

Los Comunes son aquellos que no se hallan incluidos en ninguno de los grupos especiales constituidos por clérigos y barones. Las personas que no disfrutan privilegio especial alguno —dice Maitland— que no tienen la calidad peculiar de barones o clérigos, son «Comunes». En este sentido comprenden el tercer estamento de Francia, al comienzo de la Revolución Francesa, clase que, según Sieyès, no era nada, aspiraba a ser algo y debía serlo todo.

El sentido técnico de la palabra es, desde el punto de vista histórico, de gran importancia. Antes de la época de los parlamentos, tanto a los condados como a las villas se les había reconocido su carácter de comunidades con fines judiciales, fiscales y administrativos, y los condados actuaban con tales atribuciones en sus Cortes condales. Las villas fueron adquiriendo por sí mismas y por medio de cartas de privilegio, derechos comunales parecidos y a menudo sugeridos de las comunidades francesas; solo faltaba dar un paso para utilizar con fines de representación parlamentaria ideas e instituciones ya existentes.

La historia de las franquicias de los condados es relativamente sencilla. Los «sheriffs» recibían instrucciones, por medio de credenciales, para que fueran nombrados, electivamente, dos caballeros por cada condado; la elección se hacía en y

[1] Con esta voz se designa a la persona que no es de condición noble.

por la Corte condal, y los elegidos eran los que poseían el derecho de asistir y participar de los trabajos de tal Corte. No se fijó, o no fue precisa, ninguna otra disposición acerca del mecanismo de las elecciones. El «sheriff» tendría la misión de actuar según el procedimiento habitual, siendo de importancia su intervención para señalar a quiénes competía el derecho electoral. Hasta el reinado de Enrique VI no se estableció restricción alguna de carácter estatutario respecto a la condición de electores. La Ley de 1430, que se puso en vigor con el fin de evitar Tas elecciones turbulentas y desordenadas, disponía que los electores fuesen personas que habitaran en el condado, y que, desde luego, cada uno debía ser terrateniente por un valor al menos de 40 chelines al año (valor elevado en aquellos tiempos), de dominio absoluto. Esta ley continuó regulando la franquicia de los condados durante más de cuatro centurias, hasta la Ley de Reforma de 1832. Pero la definición de la calidad de dominio absoluto daba mucho trabajo a los abogados y comisiones del Parlamento y su sentido fue interpretado en forma que facilitara la creación de votantes. Los arrendatarios y los feudatarios no tenían derecho al voto.

Hasta después de 1832 no creció mucho el número de los condados. En un principio existían treinta y siete, cada uno de los cuales enviaban a las Cortes dos representantes. Los condados de Chester y Durham, que eran condados palatinos y con autoridad semiindependiente, no entraron a formar parte del sistema parlamentario hasta fecha posterior. Enrique VIII incorporó a este sistema los condados de Gales. La unión con Escocia e Irlanda completó la lista.

La historia de las franquicias de las villas es mucho más compleja. En primer lugar, en las instrucciones dirigidas a los «sheriffs» para que enviaran representantes a los primeros Parlamentos, se les decía solamente que procedieran a nombrar dos miembros por cada ciudad o villa de su condado, sin especificar los lugares que debían ser considerados como villas, presuponiéndose que ya se sabía. De aquí la gran incertidumbre en que se hallaba el «sheriff» para el ejercicio discreto de su misión. Todavía no ha podido ponerse en claro si la representación de una villa en Parlamento era una fuente de utilidad local o personal para la villa, o confería grandes ventajas personales a sus representantes. Pero si los electores habían de pagar dietas a los miembros y los lugares reconocidos como villas con derechos electorales tenían que tributar a un tipo más alto que los condados, la representación parlamentaria era un privilegio oneroso. Las aldeas a menudo no deseaban ser representadas, y probablemente harían arreglos con el «sheriff» para conseguir su objeto. Más adelante, con el transcurso del tiempo, y durante los siglos XVI y XVII, el número de villas con derecho a representación parlamentaria creció con gran rapidez. Este aumento se realizó por distintos procedimientos. Una villa que hubiera cesado de nombrar representantes parlamentarios, podía recuperar su privilegio por medio de una solicitud dirigida al «sheriff». El Rey podía conceder una carta de privilegio otorgando el derecho a representación en Parlamento. En fechas posteriores, bastaba para obtener este derecho un acuerdo tomado por la Cámara de los Comunes. Los monarcas Tudor ejercieron liberalmente la facultad de crear distritos electorales por medio de cartas de privilegio. Hacían uso de sus Parlamentos y necesitaban buscar medios para controlarlos. En la creación de villas, la reina Isabel fue, probablemente, la más culpable de confusión política en materia electoral. Tenía gran influencia en su ducado de Cornwall, y muchos de los pueblos con derecho parlamentario de Cornish, que obtuvieron una reputación tan escandalosa en épocas posteriores, los creó ella, con el fin de que fueran elegidos representantes aquellos que los Lores de su Consejo consideraran ciudadanos libres. La práctica de crear nuevas villas con derechos parlamentarios por medio de cartas de privilegio, aminoró bajo los Estuardo y cayó en desuso después del reinado de Carlos II. La Carta de privilegio que concedió este Rey a Newark fue la última carta real que confirió franquicias parlamentarias.

No hubo ley alguna para la reorganización de los distritos electorales hasta el año 1832, y un interesante mapa, adjunto al primer volumen de la obra de Mr. Porritt titulada La Cámara de los Comunes antes de la Reforma, muestra cómo se encontraba en aquella fecha la representación parlamentaria. Una ojeada al mapa hará destacar dos hechos; primero, el número proporcionalmente grande de pueblos con derechos parlamentarios, desde la costa o cerca de la costa de Wash al Sur y Oeste de la ría del Severn; y en segundo lugar, la gran densidad de pequeñas villas con derechos parlamentarlos en el extremo Sudoeste. En parte eran estas supervivencias de una época de situación social y económica diferente de la época en que el pulso de la vida inglesa latía con más fuerza en las costas, y el desarrollo del comercio y de la industria no había poblado aún las regiones centrales y septentrionales. Pero la existencia de muchas villas menores era debida a otras razones.

Mientras la selección y distribución de los distritos parlamentarios fue arbitraria, nada era más diverso, confuso e incierto que los privilegios parlamentarios de que esos distritos gozaban. No existía ninguna ley general que regulase las franquicias de las villas. Todo dependía de usos y costumbres locales sancionados o sin sancionar por decisiones de las comisiones parlamentarias, las cuales actuaban por móviles de consideraciones personales.

Existían villas de «scot» y «lot» y «potwalloper»[2], villas «burgage»[3], villas municipales y villas de hombres libres. En el primer grupo de las anotadas villas el privilegio electoral era, en teoría, muy democrático. Cualquiera que participase en los impuestos locales disfrutaba de dicho privilegio. En épocas posteriores, la participación en los impuestos de beneficencia pública era un requisito general. En tiempos de la primera Ley de Reforma, Gatton, que tenía 135 habitantes, estaba comprendida en la categoría de villa «scot» y «lot»; en el extremo opuesto de la escala de población se hallaba Westminster.

En los burgos, el derecho al voto dependía de que se mostrase título posesorio de una casa o parcela de tierra tenida en la forma de posesión denominada *burgage tenure*. En algunos casos era necesario acreditar la residencia, y las chimeneas de las casas urbanas conservábanse cuidadosamente, en evidencia de que dichas casas eran habitadas. Pero el período de tiempo de residencia exigido era corto, bastando con una sola noche. Al acercarse el momento de la votación, se veían carruajes que transportaban a electores de calidad. En otras ocasiones, la residencia no era necesaria. Existían también cédulas de votantes que habían de ser presentadas por el elector ante la mesa de votación. Las cédulas de electores pasaban fácilmente de unas manos a otras, cuando la ocasión lo requería. De aquí nacieron los electores falsos. La mujer no podía votar por sí misma, pero podía ceder temporalmente el

[2] Ciertas villas de Inglaterra antes de la Reforma de 1832: en ellas la calidad de elector provenía de la capacidad de poder cocer el alimento en olla *(pot)* propia. (Véanse págs. 33 y 34).

[3] «Burgage». En Inglaterra, una forma de propiedad de tierras obtenida especialmente en las villas más antiguas, por la cual las tierras se tenían en censo del Rey o de otro señor, a base de una cierta renta anual, generalmente en dinero.

derecho electoral a un hombre. En Westbury, en el año 1747, el derecho al voto de una viuda fue valuado en 100 libras esterlinas.

Para tener una idea del modo de proceder en una elección de un burgo con derecho electoral, basta la descripción que sir George Travelyan hizo de la primera elección de Charles James Fox. Su padre y su tío deseaban que el joven llevara una vida reposada, cosa bastante difícil, y con este propósito se decidieron a buscarle un distrito. Para Carlos, que tenía entonces diecinueve años, ambos hermanos «eligieron Midhurst, el más tranquilo de los distritos con representación electoral, ya que el derecho de elección residía en unas cuantas tierras, en las que no vivía alma humana alguna, distinguiéndose de las tierras de pasto y rastrojos que las rodeaban, por unas grandes piedras colocadas en los extremos y en medio de cada parcela. Estas tierras de burgage tenure, como se las llamaba, habían sido adquiridas, en su totalidad, por un solo propietario, el vizconde de Montagu, que, cuando se aproximaban unas elecciones, asignaba unas cuantas de dichas tierras a algunos de sus sirvientes, con instrucciones para que nombrasen representante electoral, haciéndoles devolver luego la propiedad a su anterior situación. Esta ceremonia se realizó en el año 1768, y el funcionario público que actuó de inspector electoral declaró que Charles James Fox había sido debidamente elegido representante en Cortes por Mildhurst; en esta época, el citado joven se encontraba divirtiéndose en Italia».

En las villas municipales o *municipios cerrados,* el derecho electoral estaba restringido a los miembros de lo que se denominaba corporación de regidores de la villa, muy distinta en constitución y funciones de las corporaciones administrativas creadas por la Ley Municipal de 1835. Se nombraban generalmente por sí mismos, a menudo no eran residentes, ni responsables ante nadie de la gestión de los negocios municipales, y existían, no ya para la buena administración de la villa, sino como organizaciones creadas para el nombramiento de miembros parlamentarios de la Cámara de los Comunes. En el siglo XVIII, la mayoría de ellos estaba en manos de magnates, y nombraban, por costumbre, representantes de la Cámara a quienes les indicaban. Con la reforma del Parlamento cesó la razón de su existencia, y la ley de 1835 fue una consecuencia rápida de la de 1832.

El «potwalloper» o elector de las villas incluidas en esta clasificación era un antiguo y pintoresco tipo. Su nombre parece tener origen en una corrupción lingüística. Era el hombre que se hallaba en condiciones de disponer de su propio alimento cotidiano o poner al fuego su olla; es decir, que no dependía de nadie para su sustento. Cuando había elecciones, podía verse a este elector preparando su comida enfrente de su casa, como una demostración de su derecho al voto.

El súbdito libre que ejercía el derecho parlamentario durante el siglo XVIII era de calidad distinta al que votaba en los siglos XIII y XIV, y pertenecía a una clase social más restringida. Las libertades de las villas y las nacidas de la calidad de miembros de las mismas, distinta de su condición nacional, podían adquirirse por diferentes modos: por nacimiento, por casamiento, por servicio real o nominal prestado en virtud de contrato de aprendizaje a algún ciudadano libre en su negocio o comercio, por gracia o compra. En Londres era necesario ser socio de una de las compañías mercantiles, de una de las guildas. Cuando la calidad de súbdito libre provenía de casamiento, representaba casi una dote para las hijas de los súbditos libres, y poseía un verdadero valor pecuniario en época de elecciones.

Existían hombres libres honorarios, y hombres libres no residentes, y unos y otros tenían derecho al voto. La acción parlamentaria tendía a restringir la calidad de súbditos libres, ya que la representación de una villa de numerosos hombres libres suponía desmesurados gastos. Por otra parte convenía no elevar el número existente de electores. En el año 1812 fueron reconocidas en Bristol como libres 1,720 personas con miras a las elecciones que habían de celebrarse en el otoño del indicado año.

Bajo el sistema electoral que funcionaba antes de 1832, un reducido número de personas influyentes y principales controlaban todas las elecciones, aunque no por ello dejaba de sentir la Cámara de los Comunes la influencia de la opinión pública. Cualquier corriente de opinión podía tener la certeza de llegar a la Cámara y producir en ella sus efectos. Los condados eran más independientes que las villas, y las villas más populosas tenían algunas veces puntos de vista particulares respecto a cómo debían proceder sus electores en las votaciones. Pero el número de distritos electorales artificiosos, cuyos miembros se veían obligados a votar según las instrucciones de sus jefes, era muy numeroso. John Wilson Croker, que conoció mejor que nadie la Cámara de los Comunes durante la primera cuarta parte de la última centuria, hizo ascender el número de miembros parlamentarios impuestos por personajes influyentes, a 276, de 658. Antes de la unión con Irlanda, que aportó 100 miembros más, la proporción era probablemente mayor, ya que el número de puestos parlamentarios nominales no excedía en Irlanda de 20. Se ha calculado que desde 1760, aproximadamente, hasta 1832, cerca de la mitad de los miembros de la Cámara de los Comunes debían sus puestos a personajes influyentes. Gladstone elogió una vez estos distritos de elección meramente nominal como un medio de llevar al Parlamento jóvenes de porvenir, y Bagehot llegó inclusive a describirlos como órganos útiles para las especializaciones políticas. Pero un estudio de las estadísticas electorales y parlamentarias tiende a demostrarnos que los jóvenes de porvenir a quienes se ofrecía desinteresadamente una eficaz ayuda eran raros, y que los lazos existentes entre el miembro nombrado por influencia y su patrocinante eran mucho menos románticos y más prosaicos y prácticos de lo que imaginaba Bagehot. Se presuponía que el miembro parlamentario nombrado por influencia de otra persona tenía que obedecer las órdenes del que le llevó al Parlamento y atender sus intereses.

En 1810, un segundón que había sido hecho miembro parlamentario bajo los auspicios de su casa era amonestado por sus mayores, achacándole el abandono de los intereses de la familia. «Respecto a que justifique mi abandono de los intereses de la familia después de todo el dinero gastado para traerme al Parlamento —escribe, en respuesta— solo he de decir que me parece que el dinero gastado ha sido bien gastado. Los cargos de Lord delegado y de Recaudador general han sido su fruto. En lo que afecta a ventajas pecuniarias de la familia, el cargo de Recaudador produce más que los intereses del capital invertido.»

El escaño parlamentario era una buena inversión de la hacienda familiar. A los patrocinantes que utilizaban discretamente su prestigio, les producía honores y prebendas lucrativas. Sir James Lowther envió al Parlamento nueve representantes, los «nueve testaferros de Lowther» y obtuvo un título de par y sucesivos progresos en esta dignidad. George Selwyn nombró dos miembros por Ludgershall y alguna vez pudo nombrar uno de los representantes parlamentarios de Gloucester. «Fue —dice sir George Trevelyan— Inspector General de Patrimonios Reales que nunca inspeccionó: Registrador de la isla Barbada, que nunca visitó, e Inspector de Metales en la Casa de la Moneda, donde se dejaba ver una vez por semana con el propósito de que le sirvieran una cena que él encargaba, pero que pagaba la nación.» Las recompensas a los electores, en dinero o empleos, eran de menor categoría, pero más numerosas, prodigándose las colocaciones en los departamentos de aduanas y consumos. Bossinney, una pequeña aldea de pescadores situada en el norte de Cornwall, fue en un tiempo villa con derechos electorales. Cuando la ley de 1782 anuló las franquicias burocráticas, el número de votantes se redujo en Bossinney a uno solo.

Si un candidato no podía hallar el apoyo de un protector político, o no quería depender de él, tenía que comprar un puesto en el Parlamento. Muchos de los reformistas, tales como Burdett, Romilly y Hume, tuvieron que comprar sus puestos. En el transcurso del siglo XVIII y comienzos del XIX, los puestos parlamentarios se compraban y vendían libremente, y eran anunciados como las prebendas de la Iglesia. Los precios fueron subiendo durante los últimos años del siglo XVIII, especialmente cuando los nababs del Este de la India participaron en las compras. Desde luego, el Gobierno tuvo una gran intervención en estas transacciones, y los cargos de tesoreros de las villas se destinaban a las personas que quería el ministro de Hacienda, o bien a aquellas de quienes podía esperarse que organizarían una elección sin gastos.

Se hacían arreglos respecto de cómo debían distribuirse los gastos de la elección entre la Tesorería y el candidato parlamentario. «Mister Legge —escribía lord North en 1774 a Robinson, su principal apoderado electoral— solo puede aportar 400 libras. Si aspira a Lostwithiel, le costará 2,000 guineas. Gascoyne debe ser rechazado si pretende pagar por Tregony 1,000 libras; no sé por qué hemos de hacerle pagar menos que a cualquier otro servidor de la Corona. Si no paga, debe dejar el puesto a Mr. Best o Mr. Peachy.» La administración liberal de 1806 adoptó un método más económico. Compraba los puestos parlamentarios baratos y los vendía caros, lo que hacía ahorrar dinero al pueblo. Podía comprarse un puesto parlamentario para una legislatura o alquilarlo por un número determinado de años, como pudiera hacerse con una casa de campo. Los precios variaban mucho, en relación con el lugar y época, pero entre los años 1812 y 1832 el precio ordinario de un puesto adquirido para un Parlamento se calculaba en unas 5,000 o 6,000 libras.

Sin la previa explicación dada no es posible hacerse una idea, en el siglo XX, del modo de funcionar que regía hace un siglo para el sistema electoral. Los detalles son sórdidos y desagradables. Pero es preciso recordar que sobre tan menguados cimientos se levantó un Gobierno cuya solidez y fortaleza fue la envidia y admiración de Europa. Burke y los demás conservadores de su tiempo, whigs y torys, tenían poderosas razones cuando se resistían a introducir cambio alguno en el sistema electoral en que vivían. «Nuestra representación parlamentaria —escribía Burke— ha sido creada para cumplir, con adecuada perfección, todos los fines para los que se estima deseable y útil una representación popular. Desafío a los enemigos de nuestra Constitución a que prueben lo contrario.» Verdad es que escribía estas palabras en los últimos días de su vida, bajo la terrible influencia de la Revolución Francesa, pero reflejaban su opinión de siempre respecto al privilegio electoral. Según él, la variedad de los privilegios de las villas y la forma en que el cuerpo electoral era controlado representaban, justamente, los diversos intereses de la nación y sus fuerzas de gobierno. El Rey y sus ministros tenían que gobernar;

los elementos antagónicos de la nación y la constitución tenían que ser conservados juntamente. Es difícil juzgar si podría haberse mantenido otra forma de gobierno que se separase de los métodos que hemos descrito anteriormente. Las clases gobernantes del siglo XVIII eran groseras y corrompidas, pero capaces y decididas. Cometían grandes desaciertos, mostrábanse ciegas e indiferentes respecto de los grandes delitos, pero detenían, en cambio, tormentas terribles.

No es este el momento de entrar en consideraciones sobre las diversas causas que hicieron surgir la Ley de Reforma de 1832. La generación de estadistas que actuaron en la gran guerra había desaparecido. Los gobiernos de los últimos veinte años fueron débiles e inestables. La reacción contra los excesos de la Revolución Francesa iba perdiendo su fuerza. Los principios de Bentham, hostiles a los privilegios de casta, fueron sobradamente popularizados por hombres como James Mill y Francis Place. Pero, sobre todo, reinaba un descontento grave y creciente en el seno de la clase media, debido al estado de cosas existente, que la excluía del poder político y que la llenaba de gravámenes, motivados, según su criterio, por la misma exclusión. Comprendían que la Cámara de los Comunes no estaba en contacto con la totalidad de la nación, que faltaba en ella la representación de los elementos más útiles y progresivos del país. La ley de Reforma fue presentada por los aristócratas whigs, pero quien la llevó adelante fue la clase media.

La Ley de Reforma de 1832 estableció un cambio radical en el sistema electoral y en la constitución de la Cámara de los Comunes. Reorganizó los puestos parlamentarios, simplificó e hizo más racionales las franquicias y creó censos electorales.

El número de miembros de la Cámara de los Comunes había crecido extraordinariamente bajo el reinado de los Tudor, y con menor rapidez durante los Estuardo. Enrique VIII creó 38 puestos parlamentarios, incluyendo los distritos de Gales e Isabel, 62. La unión con Escocia, en el año 1707, agregó 45 miembros; la de Irlanda, en 1801, 100. En el año 1832, el número total de representantes parlamentarios era de 658. Cinco de los distritos ingleses nombraban un solo representante. Yorkshire nombraba cuatro, habiendo ganado dos puestos por la pérdida de los derechos parlamentarios de Grandpound en 1821. La ciudad de Londres nombraba también cuatro representantes. Fuera de estas excepciones, cada distrito inglés nombraba dos parlamentarios, el número establecido por los Parlamentos más antiguos. Cada uno de los doce condados y doce villas de Gales nombraba un solo representante.

La Ley de 1832 alteró la distribución parlamentaria de un modo sensible. Anuló por completo los derechos de cincuenta y seis villas inglesas, y en treinta y cinco de ellas los redujo al número de un parlamentario por cada una. Los puestos retirados de las villas se cedieron a los condados y grandes ciudades. Las alteraciones hechas por la ley en lo referente a franquicias parlamentarias, fueron numerosas e importantes. En los condados perduró el antiguo privilegio de los 40 chelines, con algunas limitaciones y añadiendo algunas otras clases de votantes. Capacitó para el derecho electoral a cuatro grupos: 1.° Los enfiteutas por censo de 10 libras; 2.° Los arrendatarios, a largo plazo, por valor de 10 libras; 3.° Los arrendatarios a corto plazo por valor de 50 libras, y 4.° Los propietarios por valor de 50 libras.

La citada ley introdujo en las villas el privilegio de posesión de 10 libras, que estuvo en vigor hasta 1867. La Ley conservó algunos de los antiguos privilegios electorales, pero restringiéndolos, con el fin de evitar su abuso. Los que estaban calificados de hombres libres tenían derecho al voto, pero la antigua calificación dejaba de tener valor en muchos casos por la extensión del privilegio de ocupación.

Finalmente, la mencionada Ley introdujo en el mecanismo parlamentario el sistema de censos electorales, prácticamente tal y como existe en la actualidad. Desde 1832, la calidad de elector da derecho a una persona a ser inscrita en la lista de votantes, no a votar. Hasta que está inscrita en el registro electoral no tiene derecho al voto. Si se halla inscrita en el censo, se sobrentiende que tiene derecho a votar.

Las leyes especiales de reforma, dictadas para Escocia e Irlanda, se ceñían a las mismas líneas generales de la ley inglesa. Se concedían tres miembros más a Escocia y tres a Irlanda, pero el número total de parlamentarios del Reino Unido no fue modificado.

La Ley de Reforma de 1832 no satisfizo las esperanzas de sus defensores ni justificó los temores de sus enemigos. Al igual de la mayoría de las leyes inglesas fue basada en compromisos y no en principios abstractos. Su objeto era remediar las más graves injusticias, las anomalías y abusos más notorios. En su labor de distribución parlamentaria no dividió la nación en distritos iguales o aproximadamente iguales. Simplemente realizó una sustitución de puestos parlamentarios, teniendo algo en cuenta la población y carácter de los lugares que iban a ser representados. Conservó los antiguos privilegios, y sobrepuso a estos otros nuevos. No introdujo ni intentó introducir en el país principios democráticos. Concedió el poder electoral, en los condados a los terratenientes poseedores de unas cuantas haciendas extensas; en los pueblos a la clase media encumbrada. El número de electores fue elevado en Escocia e Inglaterra a unos 100,000. El Acta no tenía otra finalidad. Fue un paso adelante, que abría camino a otros tiempos venideros. No puso fin al soborno, a la corrupción o a la práctica de las nefastas influencias. Pero la oportunidad de realizar estos malos hábitos se hizo menor, más difícil, y menos flagrante y generalizada.

Así es que la Ley de 1832 ni fue resultado de una revolución, ni produjo efectos de tal. Pero su importancia política social y económica es indiscutible. Señaló uno de los períodos fundamentales de la historia de Inglaterra,

La Cámara de los Comunes reformada reflejaba las virtudes de la clase media, así como sus debilidades. La influencia de la clase media preponderó, como bajo el gobierno burgués de Luis Felipe. Pero el régimen de Luis Felipe sucumbió en 1848 por obra de la corrupción y de la inercia, mientras que la Constitución inglesa de ese mismo año no hizo tambalearse ni al Parlamento ni al Trono. El Parlamento inglés había justificado su razón de ser con la renovación de su forma y con la realización de muchas cosas. Había reformado las leyes del pueblo, el régimen municipal y el sistema fiscal.

Donde más marcadamente se advierte la diferencia entre la Cámara de los Comunes antes y después de la reforma, es en la esfera de la legislación. Es difícil caracterizar en todo su vigor el cambio enorme que introdujo en el carácter de la legislación inglesa la Ley de Reforma de 1832, ni establecer un contraste justo entre la legislación que precedió y la que siguió a esta fecha. El siglo XVIII, y las dos primeras décadas del XIX, fueron fecundos en legislación, pero de carácter efímero. El Parlamento del siglo XVIII aprobó muchas leyes que ahora serían consideradas como locales, autorizando la construcción de caminos, canales y puentes, y nunca se cansó, desde que inició su obra, de normalizar las condiciones del trabajo, el desarrollo de la industria y comercio, y de proteger a la pobreza. Pero no creó nuevas instituciones. De la Ley de Reforma es de donde parte la serie de leyes que comenzaron por renovar la legislación sobre asistencia pública y corporaciones municipales, y que alteraron completamente la contextura del Gobierno inglés central y local. De la misma época data la responsabilidad especial del Gobierno respecto a la legislación, que es una de las características actuales del Parlamento de Westminster. Sir Charles Hood, más tarde lord Halifax, entró a formar parte del Parlamento por primera vez en 1828 y hablando en el año 1855 con Nassau Senior se refirió al cambio de actitud del Gobierno referente a la legislación. «Cuando entré por vez primera en el Parlamento —decía— hace veintisiete años, las funciones del Gobierno eran principalmente ejecutivas. Los miembros independientes proponían modificaciones de nuestras leyes, y estas proposiciones eran desarrolladas, no como cuestiones de partido, sino por medio de la acción combinada de ambas partes. Ahora, cuando un miembro independiente plantea una cuestión, no es con el fin de proponer, por sí mismo, una medida, sino para llamar la atención del Gobierno. Toda la Cámara está de acuerdo en declarar que el presente estado de las leyes es abominable, solicitando del Gobierno que ponga remedio a ello. Tan pronto como el Gobierno está dispuesto a hacerlo y propone uno, la Cámara se opone a ese remedio. Nuestros defectos como legisladores, que no es nuestra misión, perjudican nuestra actuación como administradores, que es nuestra verdadera función.» Esta era la natural expresión del pensamiento de un hombre de Estado de experiencia, que había vivido la época de transición y no había perdido el hábito mental de la que la precedió, y aún se oyen hoy lamentaciones de miembros parlamentarios independientes que recuerdan los tiempos en que sus predecesores gozaban de mayor libertad en la acción legislativa, y acusan al Gobierno de usurpar las funciones legislativas de los miembros. Pero el cambio era inevitable. La gran demanda de nuevas leyes, especialmente de leyes que crearan, renovaran y regularan el mecanismo administrativo, y la complejidad de las medidas legislativas precisas, forzosamente habían de aminorar la intervención de los parlamentarios independientes en la iniciación y aprobación de leyes, acrecentando la responsabilidad del Gobierno en el trabajo legislativo.

La gran actividad en la vida parlamentaria producida después de 1832 fue lógicamente seguida de una reacción; hubo períodos de abandono e inactividad, tanto legislativos como administrativos. Walter Bagehot hizo una inimitable descripción de la Cámara de los Comunes, en tiempos de Palmerston, tal como actuaba en los años de 1865 y 1866. Nadie refleja más justamente las costumbres y procedimientos de la Cámara de aquella época ni está más ducho en sus secretos que los presidentes que estuvieron al frente de la misma, mucho tiempo antes de 1832, y que representan la tradición de un Gobierno que desaparecía y debía desaparecer. Palmerston, en sus últimos años, opuso una firme y a menudo eficaz resistencia a toda modificación, y su último Ministerio, de 1859 a 1866, fue un período de excepcional aridez legislativa. Pero cuando Bagehot, después de 1867, escribía el prólogo a la segunda edición de su obra sobre la Constitución inglesa, es evidente que tenía serias dudas respecto a los efectos de aquella ley, y cabe sospechar que volvió los ojos al período palmerstoniano como a la edad de oro que fue, en su opinión, el mejor de todos los gobiernos; un gobierno de clase media, libre, sobrio y cauteloso.

La Ley de Reforma de 1832 demostró que era posible efectuar modificaciones en un sistema electoral que era venerable y venerado por razón de su antigüedad, y aclaró y preparó el camino para cambios futuros, aunque, como hemos dicho anteriormente, no existía finalidad alguna en sus determinaciones. El privilegio de los 40 chelines provenía de la Edad Media. Pero nada había de venerable o sagrado en estas distintas clasificaciones, en esta arbitraria elección de determinadas categorías monetarias.

Disraeli fue el primer ministro dotado de audacia suficiente para proponer la anulación de todo requisito de renta o tributo, y conceder el derecho electoral a los cabezas de familia, en concepto de tales. La historia de la Ley de Sufragio universal de 1867 es bien conocida, y sus más íntimos detalles fueron revelados hace ya muchos años en las indiscretas *Memorias de un Ex ministro,* escritas por lord Malmesbury. El proyecto de ley de 1867, tal y como fue presentado, mientras concedía por una parte el derecho electoral a los jefes de familia, salvaguardaba este derecho con determinadas garantías. El cabeza de familia tenía que acreditar una residencia fija de dos años, y haber abonado personalmente, sus contribuciones. El cabeza de familia que pagara 20 chelines en impuestos directos tenía derecho a otro voto más, existiendo además otros privilegios especiales, como en anteriores proyectos de ley. Pero el Gobierno que presentó el proyecto a la Cámara se hallaba en minoría en esta, y todas las citadas garantías desaparecieron en el seno de la comisión. El período de residencia fue reducido a un año. El doble voto y los privilegios injustificados desaparecieron. Después de una intensa lucha respecto a las personas cuyos impuestos eran pagados conjuntamente por su jefe o patrón, el sistema de pago de impuestos anotado desapareció y todos los cabezas de familia tenían que pagar sus tributos personalmente. Pero se vio que esto era tan inconveniente, que, dos años más tarde, fue restaurado el sistema de tributación global, y el requisito de pagar personalmente los impuestos dejó de ser preciso para la inscripción en el censo electoral. Más tarde, los vecinos que pagaban 10 libras de alquiler de inquilinato fueron incluidos en la lista de votantes. De esta forma cambió completamente el tipo elegido por la legislación, y se ha calculado que el número de personas a quienes se concedía el voto aumentó, pasando, de unos 100.000, a alrededor de dos millones. Estas fueron las modificaciones establecidas por la ley de 1867 en los derechos parlamentarios de las villas. Las que se introdujeron en los de los condados fueron menos importantes. Redujeron la calificación de 10 libras a la de 5 libras en materia de enfiteusis.

La ley de 1867 dio derecho al voto a las clases trabajadoras urbanas, al igual que la de 1832 lo había concedido a los ciudadanos de mejor situación social de la clase media. Los efectos surgieron por sí mismos, especialmente en el cambio de orientación de la legislación referente a las asociaciones obreras y, en general, en la gran actividad desarrollada durante el primer Ministerio de Gladstone, período tan fecundo en labor legislativa como lo fue estéril el inmediatamente anterior.

Entre las leyes aprobadas durante este Ministerio, estaba la llamada Ley «de la papeleta» de 1872 que introducía en las elecciones parlamentarias el sistema de elección por papeleta secreta. El voto por papeleta había sido uno de los famosos «seis puntos» de la Constitución de 1848, y todos los años algunos parlamentarios independientes presentaban proposiciones para establecerlo; pero hasta el Ministerio de 1869 el Gobierno no se decidió a apoyar o proponer esta medida. La ley se aprobó, no sin larga lucha, y por vía de prueba, estando en vigor solamente durante un año, a menos que fuera renovada. Durante 55 años fue ratificada anualmente por la Ley anual de Continuación de Leyes, y hasta que el sistema de representación parlamentaria fue total y radicalmente modificado por la Ley de Representación Popular de 1918, la citada ley de votación por papeleta no pasó a formar parte del libro de Estatutos, como una medida de carácter permanente. La ley de votación por papeleta puso fin a las ceremonias venerables de las elecciones en las viejas Cortes condales —institución muy diferente de la moderna Corte judicial de los condados— e incidentalmente, al alterar la forma de los decretos electorales, anuló las distinciones entre caballeros, ciudadanos y burgueses, agrupando a todos en el concepto de «miembros».

La penúltima etapa de la historia de la reforma, en lo que afecta a las elecciones parlamentarias, culminó en la ley de sufragio universal de 1884 y en la de reorganización de distritos electorales que siguió en 1885. La ley de 1884 trata solamente de los privilegios, dejando intacta la distribución de puestos del Parlamento. Extendió a los condados el derecho de cabeza de familia y de inquilinato que la ley de 1867 confería a las villas. Renovó también el concepto de ocupante, estableciendo que la tenencia de tierra por un valor anual neto de 10 libras de rendimiento sirviera como base de derecho electoral, tanto en las villas como en los condados, y creó una nueva forma de derecho electoral denominada de servicios, que perseguía el fin de solucionar algunos casos no incluidos en el voto de cabezas de familia e inquilinos. Esta ley elevó el cuerpo electoral en un 40 %, y sus efectos más importantes fueron la concesión de los citados derechos a los campesinos. La ley de 1867 había concedido el voto a los obreros de la ciudad, la de 1884 lo concedió a todos los trabajadores del campo y elementos afines. Fue poco después cuando apareció en la escena parlamentaria el famoso concepto de los «tres acres y una vaca».

La Cámara de los Lores se negó a aprobar la ley de 1884 como no fuese acompañada de una medida legislativa que reformara la distribución de los puestos parlamentarios. Las diferencias entre ambas Cámaras terminaron con un acuerdo, en consecuencia del cual, y después de un período de suspensión, se elaboró un proyecto de ley que fue aprobado en 1885 con el nombre de Reorganización de representaciones parlamentarias. Los términos del proyecto fueron arreglados durante el período de suspensión mediante un acuerdo entre los jefes de los dos partidos, y tan numerosos y complicados eran los intereses que envolvía, que, sin tal inteligencia, el proyecto no hubiera podido convertirse en ley.

La ley de 1885, aunque en cierto modo era un compromiso, se inspiró en orientaciones más audaces que las anteriores, basándose en el principio general de la igualdad en los distritos electorales, cada uno de los cuales nombraría un representante. Se tomó como base principal de representación parlamentaria la proporción de un puesto por cada 54,000 habitantes. Con el fin de adaptar este principio al sistema entonces existente, haciendo el menor número de cambios posibles, las villas de menos de 15,000 habitantes perdieron sus derechos electorales y pasaron a formar parte, desde el punto de vista parlamentario, del condado en que se hallaban enclavadas. Las villas de más de 15,000 habitantes y menos de 50,000 conservaron el derecho (y, si no lo hubieran tenido anteriormente, se les concedía) a nombrar un miembro parlamentario cada una; las que tenían más de 50,000 habitantes y menos de 165,000, nombraban dos miembros; las de más de 165,000 habitantes nombraban tres representantes en Cortes, agregando uno más por cada 50,000 habitantes. El mismo principio general se siguió respecto de los condados.

Las villas que anteriormente elegían dos miembros y los conservaron, seguían teniendo el carácter de distritos independientes para elegir esos dos representantes. Existían 23 de estas villas, que, con la ciudad de Londres y las 3 Universidades de Oxford, Cambridge y Dublin, constituían los 27 casos de distritos electorales que nombraban dos miembros. El resto nombraba un solo representante parlamentario, resultado que se había obtenido al dividir los condados, las villas con más de dos parlamentarios y las nuevas villas con solo dos representantes, en zonas electorales separadas, cada una con su propio nombre definitivo.

El número total de miembros parlamentarios se elevó de 658 a 670, cifra que persistió hasta el año 1918.

La ley de sufragio universal de 1918 se basó en el informe emitido por una conferencia entre miembros de ambas Cámaras, que fue convocada en 1916 por el Presidente del Consejo Mr. Asquith, y que se reunió bajo la presidencia del Presidente de la Cámara de los Comunes, Mr. J. W. Lowther. Introdujo cambios sanos y fundamentales en lo referente a privilegios, lista de electores, métodos electorales, y distribución de puestos parlamentarios.

En lo que respecta a privilegios, la nueva ley llevó a cabo dos grandes modificaciones: abolió las antiguas franquicias parlamentarias, y concedió el voto a la mujer. Los antiguos privilegios fueron sustituidos por un solo derecho basado en la residencia, empleo o negocios. Una persona adquiere los derechos parlamentarios del voto si ha residido durante seis meses o trabajado en el mismo distrito, o en otro del mismo o de contiguo condado o villa asistidos de derechos parlamentarios. La mujer tiene derecho al voto si ha cumplido los 30 años y si ella o su esposo se hallan inscritos en el censo electoral de la localidad. La viuda de un Par tiene derecho al voto aunque su marido no lo tenga. El derecho parlamentario universitario se conserva, extendiéndolo a las personas que hayan obtenido alguna graduación que no sea de carácter honorífico, y el número de distritos universitarios se ha aumentado. La mujer posee el derecho universitario electoral si ha cumplido los 30 años de edad y ha obtenido cualquiera de los grados que dan al hombre el derecho al voto, o si ha residido y sufrido los exámenes necesarios para la obtención de tal título. Otro cambio radical introducido en la ley, en lo que a la franquicia se refiere, es el que llevó a cabo la Ley de Representación del Pueblo (Igualdad de Franquicias) de 1928. Esta ley asimiló las franquicias para ambos sexos, de modo que la mujer tiene derecho a figurar en las listas electorales para un distrito que sea universitario, con tal de ser mayor de edad y no estar sujeta a incapacidad legal ni a otra causa de inhabilitación alguna. De igual manera tiene derecho la mujer a figurar como electora parlamentaria por un distrito universitario, si es mayor de edad y reúne las demás condiciones. Gracias a este cambio, el número total de electores parlamentarios, ha aumentado hasta más de 28.000.000.

Se ha calculado que la nueva ley ha elevado el número de electores del Reino Unido en la cifra de 8 millones.

La ley de 1918 introdujo algunos otros cambios importantes en la ley electoral.

Todas las elecciones, excepto las de representación universitaria, deben hacerse el mismo día, y un elector no puede votar en más de dos distritos.

La general demanda de que sean devueltos los gastos oficiales de los candidatos se satisface con la medida tomada de que todos los gastos de personal de una elección parlamentaria no universitaria se hallen sujetos a un máximo fijado por la Tesorería, el cual será pagado por el ministro de Hacienda. Pero cada candidato debe depositar en la oficina electoral una cantidad de 150 libras que será restituida al candidato triunfante al tomar posesión de su cargo y prestar juramento, y quedará en poder de la Tesorería, caso de que el candidato no obtenga la octava parte de la votación habida. El objeto de esta medida fue evitar las candidaturas no justificadas.

El censo electoral se refiere a un período muy corto de calificación de electores, ordenando censos para seis meses, en lugar de censos anuales.

Los funcionarios encargados de la inspección del censo han sido abolidos, pero debe existir un oficial encargado del censo para cada demarcación del mismo, cuyas decisiones están sujetas a recurso ante los tribunales condales.

Se efectúan laboriosos trabajos con el fin de tener presentes los votos de los ausentes. Pueden estos votar por carta o por delegación, pero este último procedimiento solo es permitido cuando la papeleta del voto remitida el mismo día de la proclamación de candidatura no puede llegar a manos del jefe de la Oficina electoral, enviándola por correo, el día en que se procede al escrutinio que, con este mismo fin, se aplaza hasta algunos días después de la elección. Tales medidas fueron tomadas principalmente para los votantes militares y marinos, pero no son exclusivas de estos ni están limitadas a la época de guerra. Cualquier persona tiene derecho a ser incluida entre los electores ausentes si justifica ante el citado jefe que, por razones derivadas de la naturaleza de sus ocupaciones, trabajo o empleo, debe ser dispensada de depositar su voto personalmente. Es decir, que esta disposición no solo es válida para los militares y marinos de guerra, sino también para otras clases de personas, como son los marinos mercantes, viajantes de comercio y representantes diplomáticos. El derecho a votar por delegación se confiere solamente, sin embargo, a marinos y militares, y a marinos mercantes, pilotos y pescadores.

La conferencia de Presidentes recomendó la adopción del sistema de representación proporcional y de votación alternativa. El fin que persigue la representación proporcional es la protección de las minorías. El voto alternativo es una invención australiana ideada con el fin de substituir a la doble papeleta, que halló apoyo entre los primeros reformistas, y que perseguía, también, el fin de asegurar el triunfo del candidato de la mayoría en el caso de una lucha de tres. Ambos principios fueron adoptados en el proyecto que se basó en las conclusiones de la conferencia, pero el voto alternativo, después de una precaria vida en la Cámara de los Comunes, pereció en la de los Lores. La representación proporcional fue rechazada en la Cámara de los Comunes, pero pudo ponerse en vigor gracias a una proposición presentada en la Cámara de los Lores y aceptada por la de los Comunes. Se nombraron comisionados para preparar un proyecto con el fin de aplicar este sistema a 100 distritos, proyecto que se pondría en práctica si era aprobado por ambas Cámaras del Parlamento. El proyecto fue presentado, pero la Cámara de los Comunes lo rechazó. La representación proporcional, aplicada a las elecciones parlamentarias, está en la actualidad limitada a las elecciones universitarias, por lo que su aplicación es imperfecta. Pero fue adoptada en las elecciones locales de Irlanda y, en Escocia, en las elecciones de autoridades de Instrucción Pública.

Al constituirse, en junio de 1922, el Estado Libre de Irlanda, la Irlanda meridional dejó de estar representada en la Cámara de los Comunes. Esta, por consiguiente, consta, en la actualidad, de 615 miembros; a saber: 492 por Inglaterra, 36 por el país de Gales, 74 por Escocia, y 13 por el Norte de Irlanda.

Creemos oportuno decir algo respecto a los requisitos que han de reunir los diputados diferenciándose de los electores. En el siglo XV era preciso acreditar la residencia, pero pronto cayó en desuso este requisito y fue oficialmente revocado en el siglo XVIII. En la legislación de esta misma época se exigía que el parlamentario poseyera bienes, pero esta condición se eludía fácilmente, y fue suprimida por una ley presentada por un miembro independiente del Parlamento el año 1858. En los siglos XVI y XVII se estableció el juramento de fidelidad y otras clases de juramentos, imponiendo determinadas garantías de carácter religioso, en formas diversas y distintos grados de rigor, la modificación y abolición de las cuales, así como los pasos que los católicos romanos, israelitas y otros hubieron de dar para ser admitidos a formar parte de la Cámara, representan un capítulo interesante de la historia parlamentaria. Todo lo que en la actualidad se exige es un juramento o promesa de fidelidad en forma compatible con cualquier variedad o matiz religioso.

Una ley aprobada a fines del año 1918, antes de las elecciones generales de aquel año, facultaba a la mujer no solamente para votar sino para pertenecer a la Cámara de los Comunes, Varias mujeres fueron candidatos; pero solo una, la condesa de Markiewicz, obtuvo mayoría de votos, y fue desautorizada. Lady Astor resultó elegida en una reelección ulterior. En cambio, en el Parlamento elegido en mayo de 1929, figuran catorce miembros femeninos.

Con las excepciones derivadas de la posesión del título de Par, desempeño de cargo incompatible, quiebra, o de estar convicto de traición o de alevosía, todo ciudadano inglés, si tiene la edad marcada por la ley, puede ser elegido miembro de la Cámara de los Comunes. Los Pares del Reino Unido o de Escocia no pueden pertenecer a ella, pero un Par de Irlanda, a menos que sea representante de otros Pares, sí puede pertenecer a la Cámara, aunque no por un distrito irlandés. Por ejemplo, lord Palmerston era Par irlandés. Cuando a un miembro de la Cámara de los Comunes se le presenta como Lord, o bien es un Par irlandés o, lo que es más frecuente, ha sido agraciado con un título por su calidad de hijo de Par.

Respecto a la incompatibilidad por desempeño de cargo, advertiremos que, después de la restauración de Carlos II y, especialmente, hasta fines del siglo XVII, existía un gran recelo respecto a la presencia en el Parlamento de personas que desempeñaran cargos regios. Se temía que el Rey, por medio de sus altos empleados, pudiera ejercer una influencia ilícita sobre los procedimientos parlamentarios, y, por esta causa, se aprobó una ley que hacía incompatibles todos esos cargos con la pertenencia a la Cámara de los Comunes. Afortunadamente, esta ley se suspendió antes de que entrara en vigor. De haber persistido, hubiera hecho imposible el actual sistema de gobierno inglés. El estado presente de la ley está sujeto a una complicada serie de estatutos, pero su principal resultado es que determinados cargos no pueden ser desempeñados por un miembro de la Cámara de los Comunes, mientras que la aceptación de un cargo lleva inherente, en otros casos, la dimisión de su puesto parlamentario, obligándole a sufrir una nueva elección; pero si es reelegido puede desempeñar ambas misiones a la vez. Los cargos que no pueden ser desempeñados por un miembro de los Comunes son los de las altas dignidades judiciales y los que se conocen bajo la designación de empleos civiles, que conservan sus puestos sin estar sujetos a los cambios de Gobierno. Los cargos que requieren la reelección son los llamados cargos políticos, que son desempeñados por los ministros de la Corona, representantes del Gobierno en el Parlamento, y que resignan sus cargos cuando sobreviene un cambio de Gobierno por la intervención de un nuevo partido.

Según lo previsto en varios estatutos, el cambio de algunos de estos cargos por otro es una excepción de la regla que obliga a dimitir de su puesto en la Cámara al miembro que acepta un cargo político de algún ministro. Es decir, si el Presidente del *Board of Trade* pasa a ocupar el cargo de Secretario de Gobernación, no se ve obligado, por ello, a dimitir de su función de miembro del Parlamento y someterse a una nueva elección. El nombramiento de Subsecretario a un Secretario de Estado o para departamentos ministeriales tales como el Ministerio de Marina, o el de Administración local, no exigen la dimisión del puesto de parlamentario, siendo la razón técnica de ello que estos nombramientos no son hechos por el propio Rey, sino por el ministro bajo cuya autoridad actúa el secretario parlamentario; por eso, tales puestos no son «cargos de la Corona» según el sentido que los Estatutos fijan para las anotadas incompatibilidades.

Una medida legislativa presentada en la Cámara de los Comunes a principios del año 1919 proponía que fueran anulados todos los acuerdos que obligaban al que ostentara un cargo político a sufrir una reelección, disponiendo que «no obstante lo establecido en otras leyes, el miembro parlamentario de la Cámara de los Comunes no se ve obligado a dimitir de su puesto en el Parlamento al aceptar un cargo de provecho, si este cargo lo puede desempeñar y está capacitado para ser elegido, sin que pierda el derecho a ocupar su puesto en la Cámara y participar de las votaciones». Pero los Comunes no se hallaban dispuestos a ir tan lejos, y añadieron las palabras «y si tal aceptación ha tenido lugar dentro de los nueves meses de hecha la proclamación de convocatoria a nuevas Cortes». El resultado de esta adición es que el parlamentario dispone de un lapso de tiempo, durante el cual se halla facultado para aceptar un cargo político sin tener que correr el riesgo de una reelección.

La garantía de la elección es el acta de votación que remite el Inspector electoral a la Oficina de la Corona. Cuando la validez de una elección es impugnada, el asunto se examina y decide por medio de jueces electorales nombrados de entre los que forman el Tribunal Supremo. Todos los parlamentarios, al ocupar su escaño en el Parlamento y participar de las votaciones, deben prestar, excepto en el caso de la elección del Presidente de la Cámara, juramento de fidelidad o hacer una promesa de valor equivalente.

El diputado no puede dimitir su cargo, pero si desea retirarse del Parlamento puede hacerlo aprovechándose de los antiguos Estatutos de incompatibilidades, solicitando algún cargo retribuido, cargo del que dimite tan pronto como su aceptación le ha facilitado la renuncia a su puesto de parlamentario. A este fin se elige un cargo especial cuya aceptación es la puerta por donde escapan los parlamentarios cuando desean retirarse del Parlamento antes de unas elecciones generales.

Los miembros del Parlamento que no reciben remuneración oficial, perciben, en la actualidad, un sueldo de 400 libras anuales, incluyendo una asignación de 100 libras, por gastos, así como los de viaje entre Londres y los distritos electorales. Este pago fue autorizado, primeramente, por una disposición de la Cámara tomada el 15 de agosto de 1911. En la actualidad la concesión de este pago no está establecida en ninguna ley permanente, sino en una disposición confirmada todos los años por la Ley Anual de Aprobación de Cuentas. Este sueldo comienza a regir desde el momento en que el miembro del Parlamento presta el juramento de fidelidad o hace la equivalente promesa.

CAPÍTULO III

CÓMO SE HACEN LAS LEYES

Las facultades de la Cámara de los Comunes pueden ser divididas en tres categorías: legislativas, financieras y críticas. La Cámara de los Comunes hace las leyes con la cooperación de la Cámara de los Lores y del Rey. Asigna los fondos necesarios para los servicios públicos, especificando el fin a que se destinan tales fondos, impone tributos y autoriza empréstitos. Controla y depura, por medio de interpelaciones y discusiones, la acción de los ministros del Rey y del poder ejecutivo a cuya cabeza se halla.

Vamos a tratar primero de cómo se hacen las leyes. Las leyes inglesas se clasifican comúnmente en dos grupos: las de derecho común (*common law*), y la legislación estatutaria o edictos del Parlamento (*Statute law*). La primera tiene su base en los usos y costumbres, de acuerdo con la interpretación y sanción de los jueces. La ley estatutaria es la que resulta de la actividad parlamentaria, encontrándose estatuida en las actas del Parlamento o, como se las llama también, en los Estatutos del Reino. Existen otras distinciones y matices que no nos interesa tratar aquí. En capítulos anteriores hemos descrito los cambios graduales sufridos en la forma de la legislación parlamentaria, sustituyéndose el procedimiento de peticiones por el de proyectos de ley.

Al tratar de cómo se procede en los trabajos legislativos, según las reglas modernas, es muy conveniente describir al principio, muy brevemente, las fases porque tiene que pasar un proyecto de ley antes de obtener la sanción regia, constituyéndose en un acta del Parlamento y adquiriendo fuerza de ley. Desde luego nos referimos a un proyecto de ley pública, es decir un proyecto que ha de alterar la ley general, circunstancia que le distingue de un proyecto de ley privada, cuya naturaleza explicaremos más tarde; tal proyecto ha de surgir en la Cámara de los Comunes, no en la de los Lores.

Cualquier miembro de la Cámara de los Comunes puede presentar un proyecto o solicitar de la Cámara que sea permitida su presentación. Hasta hace poco tiempo este último procedimiento raras veces se omitía, y era preliminar para la presentación de un proyecto de ley; esta antigua práctica ha sido seguida frecuentemente en las medidas más importantes tomadas por el Gobierno y algunas veces en los proyectos presentados personalmente por un miembro. Pero una alteración de los procedimientos parlamentarios hecha en 1902 establece ahora que cualquier miembro puede presentar un proyecto después de haber comunicado, previamente, su intención de hacerlo. Una vez que ha cumplido uno de los requisitos anteriormente anotados, el de obtener el permiso de la Cámara o el de haber anunciado previamente su presentación, el Presidente pronuncia el nombre del solicitante invitándole a presentar su proyecto. Este lo hace llevando a la mesa de la Cámara, en que se hallan sentados los actuarios de la misma, un documento que se supone ser su proyecto, pero que es, realmente, una fórmula ceremonial, una hoja de papel que le fue suministrada en la Oficina de Proyectos de Ley pública, en la cual se ha escrito el título del proyecto, el nombre del miembro y el de los otros miembros interesados en apoyar la proposición.

El actuario lee, desde la mesa, el título del proyecto, y con ello se sobrentiende que se ha efectuado una primera lectura del mismo. Se ordena su impresión y se fija día para su segunda lectura. En otros tiempos, estas «lecturas» serían efectivas. El Presidente de la Cámara explicaría, guiándose por medio de notas, o de un resumen que le proporcionaran, las líneas generales de la proposición que se iba a elevar ante la Cámara, o acaso, probablemente, sería leído el proyecto en su totalidad en posteriores etapas por el actuario de turno de la Cámara.

Hoy, estas «lecturas» son meras etapas en el avance y desarrollo de un proyecto. La primera lectura es una simple formalidad. Cuando se acuerda que el proyecto sea leído por segunda vez, es cuando ya se presenta la oportunidad de discutirlo en sus principios generales, desmenuzando sus detalles. Si la Cámara muestra su conformidad con estos principios se supone que el proyecto se ha leído por segunda vez, y entonces sigue lo que pudiéramos llamar el período de comisión. Con el actual procedimiento parlamentario, cuando un proyecto de ley ha sido leído por segunda vez, transmítese a una de las comisiones permanentes destinadas a estudiarlos, salvo en el caso en que la Cámara ordene que sea estudiado por determinada comisión especializada.

Existen seis de estas comisiones permanentes; una de ellas examina los proyectos relativos exclusivamente a Escocia; todos los miembros de esta comisión representan distritos electorales escoceses. Las otras están constituidas por la Comisión de Selección, que es una de las que nombra la Cámara para cada período parlamentario; esta comisión refuerza también la de Escocia agregando a ella algunos miembros. El número mínimo de vocales de estas comisiones es cuarenta, y el necesario para deliberar, veinte.

Cuando un proyecto de ley no es encomendado a una de esas comisiones permanentes, va a parar a una Comisión del Pleno de la Cámara, la cual actúa verdaderamente como si fuera la Cámara misma, aunque tratando los asuntos de manera menos formularia, con el sillón presidencial vacante y bajo la presidencia de uno de los presidentes de comisión, que ocupa el sillón de la mesa ante la cual acostumbra a sentarse el actuario de la Cámara cuando se halla presente el Presidente de la misma. Estas comisiones del Pleno corresponden a lo que se llama «Comisión plena» en los Estados Unidos, y comenzaron a funcionar a principios del siglo XVII. Los proyectos de ley más importantes pasaban, entonces, para su estudio, a comisiones numerosas, y como se tropezaba con dificultades para encontrar quien asistiera a ellas, se dispuso que pudieran estar presentes en las sesiones los parlamentarios que así lo desearan, desarrollándose esta costumbre con la práctica. Se dice también que la Cámara de aquellos tiempos no tenía completa confianza en su Presidente, a quien se consideraba como instrumento y representante del poder real, por lo que se prefería desarrollar las deliberaciones en su ausencia. De manera que lo que se denomina Comisión del Pleno es la misma corporación, formada por las mismas personas, reunidas en la misma Cámara y que se sientan en los mismos puestos, diferenciándose solamente en ligeras fórmulas y procedimientos.

Hasta que sobrevino una reciente reforma, todos los proyectos pasaban, una vez leídos por segunda vez, a manos de una Comisión del Pleno de la Cámara, a no ser que esta acordara otra cosa. Actualmente se procede de otro modo, y todos los proyectos, excepto los de índole especial, se cursan a una comisión permanente, a menos que la Cámara lo disponga de otro modo. Ahora bien, los proyectos de ley sobre finanzas, u otros concernientes a temas afines, son estudiados por una Comisión del Pleno y se hacen objeciones cuando se propone que pase a manos de una comisión permanente alguno de los proyectos de más importancia u otros en que se prevea la controversia, ya que, no obstante el cambio de procedimiento, existen miembros del Parlamento que opinan que a todos los representantes parlamentarios debe ofrecérseles la oportunidad de participar en las discusiones sobre los extremos de tales proyectos.

Cuando un proyecto se halla en estudio en el seno de una comisión permanente o del Pleno, se examina cláusula por cláusula, discutiendo las enmiendas que puedan ser propuestas, determinando en cada cláusula cómo se ha de rectificar y si el proyecto debe quedar redactado en su forma original o con alguna modificación en determinada parte del mismo, o si procede agregar alguna nueva cláusula. En el caso de que se trate de un proyecto de ley importante o susceptible de controversia, estos debates pueden durar muchos días, y aun semanas enteras, y las notas sobre las enmiendas propuestas llenan muchas páginas de las actas parlamentarias. Cuando termina la discusión y se han completado los trabajos de estudio del proyecto, el Presidente de la Comisión presenta un breve informe al Presidente de la Cámara, indicando, solamente, si el proyecto ha sido reformado o no.

En algunos casos, en lugar de pasar a una comisión permanente o del Pleno, se entrega a una pequeña comisión seleccionada o a una comisión formada por elementos de ambas Cámaras. Estos casos son relativamente raros, y, por lo común, la razón de adoptar tal procedimiento es el deseo de reunir la mayor experiencia y conocimientos posibles, y acrecentar la viabilidad y seguridades en el desarrollo del proyecto. Las comisiones de esta índole redactan generalmente un informe especial, en el que constan sus razonamientos y conclusiones; pero los proyectos estudiados por ellas han de ser estudiados, después, por una Comisión del Pleno.

Transcurrida la fase de comisión sigue la de informe. La Cámara, reunida en sesión, con su Presidente, estudia el proyecto informado por la comisión y discute y determina si deben ser hechas nuevas alteraciones o adiciones.

La etapa final en la Cámara de los Comunes es la tercera lectura. En esta, solo se permiten alteraciones formularias o literales. La Cámara estudia el proyecto en su conjunto y determina si, en su opinión, la medida debe o no convertirse en ley.

Cuando un proyecto ha pasado por estas fases en la Cámara de los Comunes, se cursa, acompañado de un comunicado, a la Cámara de los Lores, en la que ha de pasar de nuevo por diferentes etapas que corresponden, con algunas diferencias de detalle, a las de la Cámara de los Comunes. Los Lores pueden rechazar el proyecto o corregirlo, pero, como explicaremos posteriormente, no tienen facultad alguna para modificar ningún proyecto de ley sobre finanzas o fondos públicos. Cuando los Lores efectúan alguna modificación en un proyecto, lo devuelven a la Cámara de los Comunes con un mensaje rogando den su conformidad a las modificaciones. En el caso de que las dos Cámaras discrepen, se desarrollan negociaciones extraoficiales entre los que apoyan el proyecto y los que lo combaten, haciéndose enmiendas y contraenmiendas, y pasando de una Cámara a otra, hasta que las dos lleguen a un acuerdo. En caso contrario, el proyecto es rechazado; es decir, no llega a ser ley, ya que, excepto en el precedente del Acta Parlamentaria de 1911, un proyecto no puede ser sometido a la sanción regia hasta que ambas Cámaras han llegado a un acuerdo.

Los proyectos solo tienen de vida un período parlamentario. Si un proyecto no es tomado en consideración, o es retirado por sus promotores antes de que termine dicho período, pierde toda eficacia, y si los proponentes desean desarrollar su solicitud en un período siguiente, deben hacerlo como si se tratase de un proyecto nuevo.

Cuando un proyecto ha sido aprobado por las dos Cámaras, o de acuerdo con el Acta Parlamentaria de 1911, viene la etapa final, que es la sanción regia. Este asentimiento se da periódicamente en grupos de proyectos, según se van aprobando, siendo el grupo más crecido el del final del período parlamentario. El ceremonial observado se remonta a los tiempos de los Plantagenets y se realiza en la Cámara de los Lores. El Rey está representado por Lores comisionados al efecto, que se sientan enfrente del trono en una hilera de sillones, vestidos con sus trajes de color escarlata y pequeños gorros empenachados. En ocasiones pueden verse algunos Pares vestidos con trajes corrientes y sentados en sillones en lugar preferente; otras veces no hay ninguno. En el estrado se coloca el Presidente de la Cámara de los Comunes, que ha sido convocado al efecto. A su lado se encuentran los miembros de la citada Cámara que le acompañaron desde los vestíbulos. Uno de los actuarios de la Cámara de los Lores da lectura, con voz sonora, de la comisión que autoriza el asentimiento. El actuario de la Corona, en una parte de la mesa, lee el título de cada proyecto. El actuario del Parlamento, en el otro lado, hace profundas reverencias y pronuncia la fórmula franconormanda con que el Rey da su asentimiento: «Acta del Suministro Eléctrico de Peddlington. *Le roy le veult*». Entre las dos frases median seis siglos.

Desde el tiempo de la reina Ana no hubo nunca rey o reina ingleses que rehusaran dar su asentimiento a ningún proyecto de ley, ya que, según el moderno régimen constitucional, el Rey, en asuntos como este, debe obrar de acuerdo con el consejo de sus ministros y estos pueden, en la práctica, evitar el desarrollo de cualquier proyecto que, en su opinión, no deba llegar a constituirse en ley, obstruyéndolo antes de que alcance la etapa en que es necesario el asentimiento del Rey.

Los proyectos de ley solo pueden ser presentados por miembros del Parlamento, y, según ya hemos explicado, cualquier miembro puede hacerlo. Cuando un ministro de la Corona introduce en el Parlamento uno de estos proyectos lo hace, no como ministro, sino como miembro de la Cámara a que pertenece. No existe diferencia alguna en la forma entre un proyecto de ley del Gobierno y el presentado particularmente por un miembro.

Pero la suerte de los proyectos, antes de constituirse en leyes, es bien diferente en ambos casos. Cuando un miembro presenta, particularmente, un proyecto, existen pocas probabilidades de que el tal proyecto llegue a ser ley, a menos que plantee un tema al margen de toda discusión y de relevante importancia. Si un miembro propone, personalmente, una medida legislativa, suele verse entorpecido en su aspiración por muy diferentes causas. Encuentra dificultades para obtener la cooperación de expertos en la preparación de su proyecto. Encuentra también dificultades en disponer del tiempo parlamentario necesario para que su proposición sea discutida. Aun en el caso en que halle esta oportunidad de tiempo, tropieza con el obstáculo de no poder ordenar y organizar fuerzas suficientes para hacer frente a la oposición parlamentaria. En todos estos respectos, el Gobierno dispone, en comparación con los miembros parlamentarios independientes, de grandes ventajas. Tiene a su disposición un cuerpo de peritos para la preparación de los proyectos y para recoger y ordenar datos informativos concernientes a todos los extremos necesarios, y dispone también del control del tiempo parlamentario. Durante la primera parte de cada período se destinan los viernes a los proyectos presentados independientemente por miembros del Parlamento, por lo que aquellos que desean introducir proposiciones de ley aprovechan estos viernes. A no ser que la proposición legislativa presentada particularmente por un miembro sea tan sencilla e incuestionable que no haya oposición alguna, y se deslicé hasta arriba a la primera admisión, su única probabilidad de llegar a una segunda lectura depende de que se asegure uno de los primeros puestos de cualquier viernes, y como en este viernes no entre oportunamente en sesión, las probabilidades de que el proyecto haga nuevos progresos son escasas.

En cambio, el Gobierno tiene a su disposición la mayor parte del tiempo destinado a las discusiones parlamentarias y puede utilizar todo el mecanismo de la organización y disciplina de partido para llevar adelante sus medidas. Por esto no debe sorprendernos que, aunque el número de las proposiciones privadas supera en mucho a los proyectos presentados por el Gobierno, la proporción de las que llegan a ser ley sea, comparativamente, pequeña.

En consecuencia, sobre el Gobierno es sobre quien gravita la mayor responsabilidad de la legislación parlamentaria; él es quien prepara, presenta y lleva a buen fin en el Parlamento todas las proposiciones legislativas más importantes que, constituidas en leyes, hallan un lugar en el libro de estatutos parlamentarios. Sería exagerado afirmar, como ha sido observado por un distinguido escritor americano, que en nuestros días el Gabinete legisla con el consejo y consentimiento del Parlamento. Los miembros parlamentarios e independientes se duelen a menudo de que su intervención en los trabajos legislativos ha sido limitada injustamente. Se puede hallar, acaso, algún consuelo pensando que la práctica moderna responde, aunque con métodos diferentes, a la antigua fórmula parlamentaria de decretos. De acuerdo con aquella fórmula, el Rey era quien decretaba leyes con el consejo y consentimiento del Parlamento. De acuerdo con la práctica moderna, los ministros del Rey son los que inician y son principalmente responsables de la elaboración de las medidas legislativas más importantes. El Ministerio, que representa el poder ejecutivo, no puede, como tal, determinar si una medida legislativa debe o no ser presentada y llevada o no adelante; pero su control sobre los trabajos de la Cámara de los Comunes le ofrece muchos elementos para poder calcular las probabilidades que existen de que una determinada medida legislativa llegue a ser ley. Y aunque no le es posible dictar la forma última en que ha de cristalizar un proyecto, puede, no obstante, hacer mucho, sugiriendo o persuadiendo, para fijar esta forma.

Es posible obtener una idea del desarrollo de la legislación parlamentaria tomando como ejemplo una medida de gobierno imaginaria y siguiendo su desenvolvimiento desde sus primeras etapas hasta su conclusión. Supongamos que el Gabinete, en una de sus reuniones del mes de noviembre, decide presentar una interesante medida sobre legislación en materia de asistencia pública, deseando incluirla en su programa legislativo del año próximo. El primer paso será dar instrucciones a los ponentes del Gobierno para que preparen un proyecto de ley. Existen en el Gobierno tres ponentes que ostentan el título oficial de asesores parlamentarios. Están agregados a la Tesorería, como departamento central del Gobierno, y todas las instrucciones que se les da las reciben por mediación de tal Tesorería. Estas instrucciones son, por lo común, muy generales en la primera etapa, y el esquema del proyecto va tomando forma gradualmente, por medio de conferencias y discusiones. La medida legislativa puede entregarse a una comisión formada por elementos del Gabinete, que se verá asistida por el ministro a quien compete el proyecto, para el estudio de las cuestiones de principio.

El primitivo proyecto se va elaborando gradualmente. El ponente tiene conferencias diarias con el ministro o con el jefe del departamento concerniente, o con ambos. Se celebrarán reuniones y se mantendrá correspondencia con expertos en las varias ramas del tema de que trata el proyecto. También se echará mano de un buen número de «libros azules». Se escribirán notas haciendo historia de los precedentes legislativos o proyectos que afecten al mismo tema, explicando los razonamientos y efectos que se proponen los distintos extremos contenidos en el proyecto; todo este material se irá acumulando, hasta convertirse en una formidable masa de comentarios. De esta manera, probablemente, la medida legislativa habrá atravesado un largo período de gestación antes de que sea presentada al Parlamento. Se reciben informaciones y opiniones confidenciales de distintas procedencias; el proyecto de ley va tomando formas diversas, siendo estas cuidadosamente discutidas y comparadas, y, a pesar de tales precauciones, tan pronto como la medida legislativa ha sido impresa y se ha hecho circular, comienza a caer sobre ella una lluvia de enmiendas como nube de mosquitos. El ministro encargado del proyecto debe proceder al examen de todos estos materiales informativos ayudado por sus colaboradores permanentes y por el ponente, con el fin de estudiar si deben ser aceptados o rechazados y de preparar réplicas o enmiendas alrededor de los numerosos puntos que surgen desde el momento en que un proyecto de ley se presenta a las Cortes. En los periódicos aparecen artículos y cartas. En la Cámara se hacen preguntas sobre el asunto. La correspondencia política afluye desde todo el país. En el caso en cuestión, los que ordenan el proyecto habrán estudiado, sin duda alguna, las características de la parroquia de Ockley-cum-Withypool. Existe una disposición legislativa local que se debe tener en cuenta. Los periodistas escriben elocuentes artículos; algunos miembros del Parlamento dan, acaso, amplias conferencias sobre los efectos que ha de producir la medida en el bienestar o desarrollo de las instituciones de la comarca, Pero el punto de suprema importancia para el sacristán de la parroquia de Peddlington es cómo ha de influir la reforma en su provecho y prosperidad. Con referencia a este extremo seguirá dicha parroquia los debates parlamentarios, dirigirá misivas a sus representantes y organizará diputaciones en los distritos. Todos los miembros del Parlamento conocen, en distintas formas, este mismo proceso.

Estas cuestiones ocupan todo el tiempo disponible durante el intervalo que existe entre la segunda lectura y la etapa de comisión, y durante el desarrollo de los trabajos de esta. En el seno de la Cámara, el ministro lucha contra las enmiendas, unas procedentes de enemigos deseosos de interceptar el progreso del proyecto o reducir su valor al mínimo; otras, de amigos indiscretos. Las enmiendas se presentan, a menudo, precipitadamente, sin sujetarse a las reglas gramaticales y a la lógica, carentes de consistencia o claridad. Surgen apenas comenzada la discusión de las cláusulas con el propósito deliberado de obtener prioridad en la discusión. El lenguaje de una ley debe ser preciso, meditado y consistente, pero la atmósfera de una multitud o de una asamblea agitada no es propicia a la mesura de expresión. Las decisiones han de tomarse muchas veces en la oportunidad del momento y ante la posibilidad de una votación imprevista. Al fin, las enmiendas van aclarando la cuestión, y quedan ordenadas las nuevas cláusulas que hacen surgir muchas veces las mismas soluciones, y el cuerpo de escribientes de la Cámara, como nave con las velas rotas, la cubierta invadida por los restos de un naufragio y con varias vías de agua abiertas en su sentina, labora activamente en el refugio pasajero de una rada.

Se produce un corto intervalo para hacer las necesarias correcciones y, de nuevo, surgen las dificultades en la etapa de información, unas veces, y otras no se dispone de la necesaria tranquilidad para introducir las enmiendas precisas con el fin de que el proyecto se presente con relativa consistencia y claridad. Si no se tiene la oportunidad de hacerlo, se deja para la Cámara de los Lores.

Esta no es, ciertamente, una descripción exagerada de los métodos de la legislación parlamentaria y no debe ser motivo de extrañeza que tanto los procedimientos como sus resultados hayan sido objeto de severas críticas; mas no debemos olvidar las consideraciones de índole opuesta o favorables.

La legislación popular tiene sus defectos, pero tiene asimismo sus ventajas, y, desde el punto de vista inglés, preponderan las últimas. Es cierto que al presentarse un proyecto de ley en el Parlamento debería ser, y lo es a menudo, claro, consistente y debidamente ordenado y luminoso, y que tanto su claridad como las demás cualidades se ven perturbadas por las enmiendas hechas en el seno de las comisiones. Otras veces, las modificaciones que se introducen no hacen sino rectificar alguna incorrección de estilo.

La crítica sutil a que se hallan expuestos los proyectos de ley en su tránsito por el Parlamento, hace que aparezcan defectos y omisiones que los más diestros peritos no hubieran podido prever.

Las oportunidades que existen en la práctica y procedimiento actual para producir falsos considerandos, objeciones equivocadas o enmiendas sin base lógica, así como la corrección justificada de defectos, son más numerosas de lo que puede suponer aquel que no se halla familiarizado con las costumbres del Parlamento.

A primera vista, nada parece más complicado que someter uno de estos escritos legislativos a la crítica y rectificación de una asamblea heterogénea de alrededor de 600 personas. Pero si el miembro encargado del proyecto es un ministro que cuenta con una fuerza política compacta y sólida, y posee aquellas cualidades que crean la confianza y el respeto de la Cámara, puede mantener el control, de un proyecto, tanto en la forma como en la substancia, a través de las vicisitudes de las discusiones de comisión.

Es cierto que las cualidades necesarias para llevar adelante con éxito una medida legislativa complicada y propicia a la controversia en el seno de las comisiones, son de muy elevada categoría. Precisa poseer, sobre todo, tacto, prontitud en la acción, paciencia y buen carácter. El más ligero descuido al hablar, el más ligero tropiezo en conservar el aplomo, puede encender las pasiones de la Cámara. Pero si el ministro sabe ser conciliador sin debilidad, puede distinguir aquellas enmiendas que han de ser perjudiciales a su plan y aquellas que no lo son; puede también sugerir, por medio de una oportuna y feliz indicación, la salida airosa en una discusión confusa y, del mismo modo, reprimir su propia impaciencia durante el desarrollo de las deliberaciones, consiguiendo persuadir a menudo, sin llegar a una escisión, a los que realizan la oposición del proyecto, para que retiren, modifiquen o pospongan sus enmiendas y, en último extremo, las acepten con sujeción a estudios posteriores en las otras etapas que el proyecto ha de atravesar más adelante.

Estas cualidades no son raras entre los estadistas ingleses y se desarrollan con la práctica parlamentaria. Aquellos que han tenido costumbre de asistir a discusiones legislativas, ya en una reunión de la Cámara o en alguna de las comisiones permanentes, no pueden dejar de sentirse influidos, a menos que sean personas completamente inhábiles, por el sistema en que se desenvuelven; y asimismo se penetrarán del buen sentido, pleno dominio y prontitud para adoptar acuerdos y aceptar soluciones razonables que caracterizan la vida de una comisión.

El período de informe por que han de atravesar los proyectos, da ocasión a rectificar cosas que se hicieron equivocadamente en la comisión, y aquellas enmiendas que no pueden realizarse en la etapa informativa se llevan a cabo en la Cámara de los Lores, los cuales actúan, en cierto modo, como autoridad revisora.

La descripción anteriormente dada se refiere a los proyectos legislativos de carácter público, a aquella legislación reflejada en las actas del Parlamento que alteran la Ley general de la nación. La legislación relativa a proyectos de ley privada se rige por diferentes medidas y sigue en su proceso distinto curso.

El objeto de un proyecto legislativo privado no es alterar la ley general del país, sino aquella que afecta particularmente a una localidad o que confiere derechos particulares a una persona o personas. Cuando los proyectos privados llegan a ser leyes se clasifican estas en locales y privadas, y el índice o tabla de las leyes de carácter local y privado que puede verse en el volumen anual de Estatutos Parlamentarios, indica la naturaleza de los asuntos a que se refieren. Así, por ejemplo, se dictan medidas para conferir nuevas facultades a determinadas autoridades locales o para alterar la constitución, o para crearlas o ampliar las atribuciones de compañías ferroviarias, de gas, electricidad, suministro de aguas, etc.

Puede tomarse como tipo de proyecto de ley privada, uno sobre legislación ferroviaria. La presentación de todo proyecto de esta índole ha de ir precedida de los edictos necesarios, cuyo objeto es informar a las personas cuyos intereses privados van a ser probablemente afectados por lo que dispone la ley, tal como las personas poseedoras de tierras cuya expropiación se va a autorizar. En muchos casos deben ser expuestos, en sitios especificados en las reglas estatuidas por ambas Cámaras, planos y esquemas que muestren la naturaleza de los trabajos propuestos, así como presupuestos de gastos a realizar y otros datos sobre el asunto. El reglamento de ambos cuerpos colegisladores establece las disposiciones necesarias, y hay empleados encargados de comprobar si estas se han cumplido antes de que un proyecto de ley privada se presente a cualquiera de ambas Cámaras. Cuando se han satisfecho estos requisitos, el proyecto puede presentarse y leerse por primera vez, y corresponde a la Cámara, como ocurre con los proyectos de ley pública, decidir si debe leerse por segunda vez o no. Casi es una regla general que no se rehúse la segunda lectura de un proyecto privado, excepto en el caso de que plantee alguna cuestión o principio general sobre el que se haya de tomar acuerdo antes de que el proyecto siga su trámite. Si se lee por segunda vez, pasa a una pequeña comisión formada, generalmente, por cuatro miembros del Parlamento.

Todos los proyectos de ley privada tienen un preámbulo en que se explican las razones por las cuales se recurre a esta clase de legislación. La primera labor de la comisión es estudiar si, en su opinión, el preámbulo está justificado; es decir, si es un caso que requiera se dicte una medida legislativa. Si se estima así, se procede al estudio del proyecto, haciéndose las enmiendas necesarias para pasarlo al informe de la Cámara. Los procedimientos de la comisión son de carácter judicial y, tanto en el preámbulo como en las cláusulas y enmiendas propuestas, se asesora por medio de letrados, se asegura con la presencia de testigos y se estudian informes afines en departamentos públicos. En fin, actúa, aunque en forma legislativa, de una manera que en otros países se juzgaría como administrativa, pudiendo ser considerada según los principios administrativos, en alguno de los departamentos del poder ejecutivo.

Cuando los proyectos han sido informados por alguna de las comisiones de la Cámara, el informe sobre los mismos ha de ser estudiado por esta y el proyecto debe ser leído por tercera vez y aprobado, como ocurre con una medida legislativa de carácter público. Pero en esta ocasión la oposición es rara, excepto en los casos en que se plantee algún principio de carácter general. La práctica y costumbre de ambas Cámaras del Parlamento ha evidenciado que las cuestiones sugeridas en la elaboración de los proyectos privados, pueden ser arregladas más satisfactoriamente en el seno de una pequeña comisión especial que no en una gran asamblea. La legislación privada es costosa. Los derechos a pagar, estipulados por las ordenanzas de las dos Cámaras, son crecidos, y todavía más crecidos los gastos del abogado y de los agentes parlamentarios, por lo que esta clase de legislación tiende a reducirse en volumen e importancia. En lo que afecta a leyes generales del país, tales como la de Sanidad Pública de 1875 y las subsiguientes, se han anulado muchas de las disposiciones que se acostumbraban a incluir en leyes especiales, y muchos asuntos que solían requerir la autoridad de una ley especial pueden tratarse, actualmente, por un procedimiento mucho menos caro, que es el de una disposición provisional. Estas disposiciones se cursan por medio de alguno de los departamentos del Gobierno, tales como el Ministerio de la Gobernación o el Ministerio de Comercio, cuando publican disposiciones locales que contienen algunas de la misma índole de las insertas en el proyecto privado. Una vez que han sido aprobadas por el Ministerio correspondiente, precisa que las confirmo el Parlamento. Con el fin de obtener esta confirmación, uno de los Ministros que representa al Ministerio concerniente presenta un proyecto de ley que confirma la disposición, o se incluye en un grupo de disposiciones, y de este modo el proyecto sigue las mismas fases que uno de carácter privado. Desde luego puede haber oposición, y si ocurre así, al pasar a la comisión, se producen muchos gastos. Pero, por lo general, el informe preliminar del Ministerio correspondiente basta para evitar las objeciones, y la gran mayoría de las disposiciones provisionales y proyectos de esta índole se aprueban sin oposición en el Parlamento. No es siempre fácil deslindar las diferencias entre los proyectos de carácter público y los de carácter privado, ni es siempre posible determinar, desde un punto de vista discreto, cuáles son los casos en que se considera oportuno dictar medidas de carácter privado para hacer modificaciones locales que afectan a la ley general. Muchas leyes útiles de la legislación general se han visto precedidas y facilitadas en su desarrollo por medidas ensayadas con carácter local. Pero es obvio que la legislación de esta índole requiere una atención cuidadosa, y, en la actualidad, la Cámara de los Comunes nombra para cada sesión una comisión llamada legislativa, entregándole todos los proyectos de ley propuestos por autoridades municipales u otras autoridades locales que demandan la creación de funciones relativas a policía, sanidad u otros asuntos de gobierno local que están en conflicto o exceden de lo que dispone la ley general.

CAPÍTULO IV

FINANZAS Y ADMINISTRACIÓN

Finanzas

La función más antigua del Parlamento es la dé proveer fondos para los gastos del Estado, y esta es todavía la función más esencial de la Cámara de los Comunes.

Los principios generales que rigen la acción financiera del Parlamento no pueden ser mejor explicados que en el lenguaje, a menudo recordado, de Erskine May.

«La Corona, que obra con el consejo de sus ministros responsables, como poder ejecutivo, tiene la misión de ordenar todos los subsidios del país y todos los pagos de los servicios públicos. La Corona, de acuerdo con esto, en primer lugar da a conocer a los Comunes las necesidades pecuniarias del Gobierno, y los Comunes conceden los recursos necesarios para satisfacer estas demandas, proporcionando, por medio de tributaciones y otras formas de impuestos públicos, los medios y modos de obtener los recursos concedidos. De esta manera, la Corona pide fondos, los Comunes los conceden, y los Lores dan su asentimiento a esta concesión. Pero los Comunes no votan fondos a menos que los pida la Corona, ni imponen ni aumentan impuestos, a menos que la tributación sea necesaria para el servicio público, previa declaración de la Corona por medio de sus consejeros constitucionales.»

Estos principios pueden resumirse en cuatro reglas esenciales. La primera rige las relaciones constitucionales entre la Corona y el Parlamento en materia de finanzas. La Corona, es decir el Rey, actuando por medio de sus ministros, que constituyen el Gobierno ejecutivo, no puede recaudar fondos creados por tributos, empréstitos u otro procedimiento, ni utilizar fondos sin la autorización del Parlamento.

La segunda regla sirve de norma a las relaciones entre las dos Cámaras y el Parlamento. La facultad de presupuestar fondos corresponde exclusivamente a la Cámara de los Comunes, e incluye las dos funciones de ingresar fondos por medio de impuestos o empréstitos y de autorizar gastos. La Cámara de los Lores da su asentimiento y puede rehusar una votación de fondos; pero no puede iniciar o alterar esta votación.

La tercera regla impone una restricción en la facultad del Parlamento para autorizar gastos. La Cámara de los Comunes no puede votar fondos, sea el fin que fuere su destino, excepto a petición y bajo la responsabilidad de los ministros de la Corona.

La cuarta regla establece una restricción similar respecto a la facultad tributaria. El Parlamento, es decir la Cámara de los Comunes, no puede imponer un tributo sin previa recomendación de la Corona. De acuerdo con este principio, toda proposición encaminada a ordenar una nueva contribución o a ampliar una ya existente, debe provenir del Gobierno. Tal disposición afecta solamente a los tributos generales, no a los destinados a fines locales.

Estos principios son constitucionales, basados, en parte, en leyes del Parlamento, tales como la ley de Sucesión y la Declaración de Derechos, y, en parte, en usos y prácticas parlamentarias. Deben ser tenidos en cuenta para cuando pasemos a estudiar la actividad financiera del Parlamento.

Tales son, pues, los principios fundamentales de acuerdo con los que la Cámara de los Comunes dirige la recaudación e inversión de los ingresos nacionales. Estos ingresos se obtienen por distintos procedimientos, pero el más importante es el de tributación. Los tributos impuestos con la autoridad del Parlamento son, en parte, permanentes y en parte temporales. La gran mayoría son permanentes; pero con el fin de mantener el control del Parlamento sobre el poder ejecutivo se fijan solamente para el período de un año. Según la práctica actual, el impuesto sobre la renta que es la más productiva de las contribuciones directas, y el impuesto sobre el té, que es uno de los más importantes de las indirectas, se han de renovar todos los años.

Todos los ingresos financieros de la nación, sean de la procedencia que sean, se pagan, con muy ligeras excepciones, en el Banco de Inglaterra o en el de Irlanda (Sucursal de Belfast), en la cuenta de la Tesorería Real, y son acreditados en una partida denominada Pondo Consolidado, que se utiliza para hacer todos los pagos de la nación. Es decir, representa, hablando vulgarmente, una Caja Nacional en la que se pagan todos los recibos de carácter nacional y que, a su vez, realiza todos los cobros, también nacionales. Esta caja es el Pondo Consolidado de la Gran Bretaña e Irlanda del Norte.

Los fondos consolidados son creación de Pitt el menor, datando del año 1787. Antes de esta fecha, la costumbre consistía en cargar el producto de determinadas tasas con los pagos de deudas también determinadas, representativas de las cantidades tomadas en empréstito por el Estado en diferentes épocas y para diversas finalidades. De estos gravámenes se hicieron varias consolidaciones parciales, pero no una general. Lo que hizo Pitt con la gran Acta de 1787 fue reducir prácticamente todas las rentas nacionales de Inglaterra, ya derivaran de tasas, de patrimonios reales o de otras fuentes, a una cuenta o fondo general llamado Fondo Consolidado, cargando entonces a este Fondo todas las partidas deudoras. Análoga medida se puso en práctica para Irlanda. Durante algunos años después de la Unión, las deudas de la Gran Bretaña e Irlanda se mantuvieron diferenciadas, pero en 1816 los fondos consolidados de las dos Cámaras fueron unidos en el Fondo Consolidado de Gran Bretaña e Irlanda.

Así como existen dos clases de tributaciones que dan lugar a dos matices del control parlamentario, existen también dos clases de gastos, regulada la una por leyes permanentes y la otra por arreglos anuales hechos por medio de votaciones. Los gastos de la nación se dividen en dos secciones principales que son conocidas en el lenguaje de Hacienda con las denominaciones de cargas de fondos consolidados y cargas de gastos anuales. La primera de estas clases abarca los compromisos financiaron de carácter permanente, que han sido autorizados por el Parlamento para ser pagados, de tiempo en tiempo, en las fechas debidas, determinando la Tesorería la fecha y el modo de pago. La segunda de las clasificaciones comprende las cargas votadas anualmente por el Parlamento y que están bajo su inmediato conocimiento y control. Los pagos incluidos en la primera clasificación se designan en él lenguaje reglamentario como realizados con fondos consolidados. Los pagos incluidos en la segunda se entienden realizados del dinero votado por el Parlamento. La terminología es algo confusa para quien no esté familiarizado con el lenguaje de Hacienda y con los procedimientos parlamentarios, porque, como ya se ha explicado, todos los pagos autorizados por el Parlamento, sean para aplicaciones permanentes o temporales, se hacen de los fondos consolidados. Pero es importante la distinción, e influye de un modo efectivo en el trabajo del Parlamento.

Las cargas financieras permanentes comprenden las anuales de la Deuda nacional, las cifras votadas al comienzo de cada reinado para sufragar los gastos personales y de Palacio, del Rey y la Reina y su familia, así como los del personal a su servicio; se incluyen, también, las retribuciones a los funcionarios judiciales, y otros pagos de un carácter fijo y permanente.

Entre estas cargas financieras, la primera y más importante es la de la Deuda nacional.

Nos es imposible entrar de lleno en la historia y formas diversas de la Deuda nacional. Sea suficiente decir que lo que se llama Deuda consolidada, excluyendo los pagos transitorios, es aquella por la cual el Estado se compromete a abonar intereses a un tipo fijo en forma de anualidades, y cuyo capital no está sujeto a reintegración, pero puede ser reintegrado a la par —es decir, a su valor nominal— previa notificación. Los pagos parciales son, meramente, un procedimiento por el cual se salda una parte de esta deuda, convirtiéndola en anualidades de tal naturaleza que con ellas se satisface el capital y el interés en un plazo de tiempo determinado. La Deuda no consolidada o flotante se basa en empréstitos recaudados en virtud de ordenaciones hechas por la Tesorería, para períodos cortos, y que representan anticipos sobre los ingresos ordinarios. Además de esta forma de Deuda, existen otros compromisos financieros, tales como los empréstitos votados por leyes especiales con destino a atenciones navales o militares, u otros fines para los que el Parlamento piensa que, legítimamente, puede recurrir al empréstito.

Son distintos los procedimientos que se siguen por parte de la ley para la reducción sistemática de la Deuda, incluyendo entre ellos los que se denominan antiguos y nuevos fondos de amortización. Estos fondos de amortización no tienen nada que ver con los del siglo XVIII, cuando Pitt abrigaba la convicción, durante algún tiempo, de que la Deuda podía extinguirse por medio de alguna operación mágica de interés compuesto, no obstante que el fondo destinado a este depósito, se obtuviera, a su vez, por medio de un empréstito. Ambos fondos de amortización se basan, en su forma actual, en la ley de 1875, y es interesante recordarla, ya que frecuentemente se hace referencia a ellos en los debates financieros del Parlamento. Es regla general que cualquier votación hecha por el Parlamento respecto a fondos utilizables en el año económico —este acaba en 31 de marzo— deja de tener valor efectivo, aunque no se haya invertido al terminar el año. Esta regla ha sido criticada a menudo como causante de gastos precipitados antes del fin del año financiero. Pero tiene la gran ventaja de facilitar la contabilidad de la nación y hacer que las cuentas puedan ser ultimadas con el balance correspondiente y el superávit y el déficit conocido en cada año, en lugar de dejar correr las cuentas, sin cerrar los balances, durante un tiempo indefinido. La ley de 1875 exige a la Tesorería que prepare, dentro de los 15 días siguientes a la terminación de cada año financiero, un estado de cuentas de la Renta Pública y gastos del Reino Unido, en la que se muestre el superávit de los ingresos o el exceso de gastos durante el año. Se requiere que haya superávit de ingresos para pagar a los gerentes de la Deuda nacional, y que estos aplican a la compra, amortización o pago de dicha Deuda.

A este superávit se le denomina fondo antiguo de amortización. En ciertas ocasiones se aplica a especiales fines de Estado, tales como la ayuda para gastos en el año subsiguiente o para alguna inversión especial, o, como ocurrió en el año 1912, llevándolo a una cuenta en suspenso.

La misma ley de 1875 impone una carga anual de carácter permanente sobre los fondos consolidados para el pago del interés de la Deuda nacional disponiendo que cualquier superávit que no sea necesario para pagos determinados debe aplicarse, por los comisionados al efecto, a enjugar la Deuda nacional. Este remanente sobre las obligaciones financieras anuales de carácter permanente, es conocido bajo el nombre de «fondos nuevos de amortización». El montante de esta carga financiera anual se fijó, por la ley de 1875, en 28 millones de libras, pero ha sido variado después.

El cumplimiento de las reglas, tanto de carácter reglamentario como de otra índole, que regulan los pagos sobre los fondos consolidados, es vigilada por un oficial permanente llamado Comisario y Auditor General. Actúa en su misión mientras dure su buen servicio, pudiendo sustituirlo la Corona por acuerdo de las dos Cámaras parlamentarias. Este funcionario no puede ser miembro de la Cámara, Su retribución la fija el Parlamento, y se carga a los fondos consolidados. De este modo es independiente tanto del Parlamento como del poder ejecutivo. Su doble nombre indica la dualidad de sus funciones. Controla los pagos hechos sobre los fondos consolidados, vigilando por que no se retire nada sin la debida autorización. Revisa las inversiones amortizadas y se cerciora de que todos los pagos se aplican al propósito para que fueron ordenados.

Nos hallamos ahora en situación de examinar las gestiones que debe hacer el Gobierno con el fin de obtener, con la cooperación del Parlamento, los ingresos necesarios para el año. La Cámara de los Comunes ha de hacer dos cosas cada año: primero, autorizar la inversión de fondos según lo acordado en las votaciones anuales, y segundo, autorizar la creación de aquellos impuestos, distintos a los tributos de carácter permanente, que sean necesarios para cubrir los gastos. Las dos operaciones se desenvuelven paralelamente, pero la indicada primero comienza antes. Esta tiene su base en la ley anual de aplicación de fondos; la otra, en la llamada ley financiera para el período anual.

Las primeras gestiones se hacen fuera del Parlamento, y consisten en que los distintos departamentos encargados de las inversiones preparen sus presupuestos de gastos para el siguiente año. Se preparan estos hacia el fin del año común, siendo sometidos al examen de la Tesorería y aprobados finalmente por el Gabinete.

Con el fin de hacer los cálculos con la mayor aproximación posible, se aplaza hasta el último momento su preparación y presentación a la Cámara de los Comunes. Pero existen ciertas cosas, bien conocidas de la Tesorería, que la Cámara no puede hacer hasta que los presupuestos no hayan sido presentados, lo cual debe realizarse antes del fin de marzo, al cerrarse el año económico. Debido al desarrollo de estos dos factores, la sesión parlamentaria normal comienza por lo general hacia la mitad del mes de febrero.

Debe recordarse que la Cámara de los Comunes no puede votar subsidios si no es en cumplimiento de una proposición o por demanda de la Corona. Las necesidades financieras que han de ser votadas cada año por la Cámara de los Comunes se incluyen en el Mensaje de la Corona que es leído al abrirse el Parlamento, en los comienzos de la sesión. El Rey se dirige a la Cámara de los Comunes en demanda de los subsidios anuales para los servicios públicos, e informa a los Comunes que serán presentados a su consideración los presupuestos de los fondos que son necesarios. El Gobierno presenta a la Cámara estos presupuestos tan rápidamente como le es posible. No se someten a la Cámara de los Lores, ya que no conciernen a este cuerpo colegislador.

Los presupuestos anuales ordinarios para el año económico siguiente se presentan en cuatro partes; cada una comprende una de las ramas del servicio público, o sean: la marina, el ejército, las fuerzas aéreas y los servicios civiles. Cada presupuesto contiene, primero, un cálculo de la cantidad total pedida en él, y, a continuación, una explicación de las inversiones detalladas en cada cifra solicitada, divididas en partidas o ítems.

Al comienzo de cada período parlamentario, tan pronto como se ha aprobado la respuesta al Mensaje de la Corona, la Cámara de los Comunes nombra dos comisiones, la comisión de subsidios y la comisión de arbitrios. Estas comisiones son realmente una representación total de la Cámara; es decir, no son comisiones en el sentido corriente de la palabra, ni reducidas agrupaciones de miembros parlamentarios, a las que envía la Cámara determinados asuntos para su informe y estudio, o delegando en ellas determinadas funciones, sino que, como hemos explicado ya en el capítulo anterior, son, simplemente, la Cámara misma tratando los negocios de Estado de una manera menos oficial, con el sillón presidencial vacante, bajo la presidencia de otro miembro parlamentario que se sienta ante la mesa. La misión de la comisión de subsidios es estudiar los presupuestos y votar los auxilios financieros que se crean precisos. La comisión de arbitrios tiene dos funciones a su cargo: ha de tomar resoluciones para dar su conformidad en la imposición de los tributos que se crean necesarios, así como dictar disposiciones autorizando aquellos desembolsos hechos de los fondos consolidados que sean precisos para cubrir las cifras votadas por la comisión de subsidios.

La primera de estas funciones es importante, y debe ser estudiada de acuerdo con el presupuesto. La otra es una mera formalidad, y apenas tiene otra importancia que la de una simple autorización de pagos sobre los gastos que fueron ya aprobados.

Las comisiones de subsidios y de arbitrios tienen su origen en el reinado de Carlos I; en aquella época, los subsidios y los medios de obtenerlos se hallaban más íntimamente ligados entre sí que en la actualidad. La Cámara estudiaba entonces en una comisión cuál era la cifra que el Rey necesitaba para un fin determinado, e inmediatamente después otra comisión trataba de los medios que se habían de poner en práctica para obtener los fondos necesarios. En la actualidad, los presupuestos ofrecen, en los comienzos de la sesión, un cálculo de las necesidades financieras del año, y, después de la misma sesión, el ministro de Hacienda, da en su resumen financiero una explicación del procedimiento económico por el que se propone cubrir estas necesidades. El viejo sistema ha dejado rastros, no obstante, en el procedimiento actual.

Las reuniones de esta comisión de subsidios duran la mayor parte del período parlamentario, y, según las disposiciones reglamentarias que existen en la actualidad, deben ser destinados al menos veinte días a este propósito, antes del 5 de agosto de cada año; pero los trabajos de estas reuniones de la comisión son de carácter más bien crítico que financiero. Como consecuencia del principio de que los fondos públicos no pueden ser votados más que a petición de la Corona, la comisión de subsidios no puede ampliar las cifras pedidas en los presupuestos, como tampoco alterar el destino de estos fondos. Lo que hace es ponderar la administración de los fondos votados basándose en el reglamento de la Cámara, con una moción que disminuya o rechace algunos de los títulos o partidas de los presupuestos; pero el verdadero objeto de esta moción es, usualmente, suscitar una explicación sobre los gastos propuestos, o aclarar algún perjuicio que la misma pueda ocasionar, y si el informe es completamente satisfactorio, la moción se retira, generalmente. Casi es una regla que los presupuestos se aprueben tal y como son presentados.

Las necesidades de los servicios públicos hacen precisa la obtención de fondos antes que se termine la discusión sobre los presupuestos. Antes del fin del año económico, es decir, antes del fin de marzo, el Gobierno debe tener en su poder los fondos necesarios para desenvolverse, al menos durante una parte del año económico próximo. La armada y el ejército se ven obligados a aplicar, temporalmente, los remanentes de algunas de sus asignaciones a otras necesidades navales o militares, y, por lo general, en este caso, son suficientes dos o tres concesiones de créditos antes del fin del mes de marzo. En los servicios civiles no se permiten semejantes transferencias de fondos, y en consecuencia es necesario un anticipo, votado a cuenta, que sea suficiente para cubrir el período que se crea preciso. Las concesiones de crédito a la armada y al ejército, así como las de los servicios públicos que no tengan carácter de anticipo, se discuten en los días destinados a la comisión de subsidios, al fin de la sesión, y si algunas concesiones no hubieran sido estudiadas y ordenadas, se aprueban en grupo el último día que se reúne la comisión. Además de los presupuestos ordinarios del año, es necesario a menudo presentar presupuestos suplementarios o adicionales cuando las cifras del presupuesto ordinario destinadas a un servicio determinado se estiman insuficientes para cubrir las necesidades del año, o cuando en el transcurso de este surge una necesidad de gastos a efectuar en algún servicio nuevo, no previsto en el presupuesto ordinario anual.

Con el fin de completar los trabajos exigidos por la ley referente a fondos públicos, la resolución aprobada por la comisión de subsidios debe ser informada y confirmada por la Cámara, reunida oficialmente con su Presidente, con las necesarias resoluciones suplementarias de la comisión de arbitrios, que han de ser también informadas y confirmadas y, por último, aprobadas por una ley del Parlamento; una de estas, la denominada ley de fondos consolidados, debe aprobarse antes de que acabe el mes de marzo y en el transcurso de la sesión puede hacerse precisa, del mismo modo, la aprobación de otras leyes similares. Estas leyes anticipan la sanción definitiva dada, al fin de la sesión, por la ley anual de aplicación de fondos. Cuando la comisión de subsidios ha completado su trabajo con la aprobación de todas las concesiones de fondos solicitadas, y sus resoluciones han sido subscritas por la aprobación de la comisión de arbitrios, y cuando todas estas formalidades han sido debidamente sancionadas por la Cámara, el proyecto termina su tramitación constituyendo la ley anual de Presupuestos. Las diferentes aprobaciones de fondos votadas por la comisión de subsidios y confirmadas por la Cámara se detallan en esta ley, requisito que es necesario en cada aprobación de fondos para que se apliquen a los servicios que se indiquen.

Como se ha visto, el Inspector y Auditor General es el oficial de Hacienda responsable del cumplimiento de los requisitos de la ley referente a la votación de fondos públicos. Esta es una de sus funciones. La otra es vigilar que los fondos votados no se apliquen a otro destino que aquel para que fueron aprobados. Con el fin de cumplir su misión, examina la contabilidad de los departamentos de gastos en cada año financiero, presentando a la Cámara de los Comunes las que se conocen con el nombre de Cuentas de aplicación de fondos públicos, en las que se da un amplio detalle de los desembolsos actuales en todos los servicios para los que votó los fondos la comisión de subsidios, dando, a continuación, el debido informe y crítica. Este trabajo de examinar e informar ocupa mucho tiempo, y la aprobación de cuentas correspondientes al año que termina en 31 de marzo, se presenta generalmente en el mes de febrero del año siguiente. Pasan entonces estas cuentas a una comisión que la Cámara de los Comunes nombra en cada sesión, denominada comisión de cuentas públicas. Esta comisión inspecciona las cuentas, estudia las observaciones hechas por el Inspector y Auditor General sobre las razones justificantes de los gastos realizados en cada partida, en más o menos de la cantidad presupuestada, investiga sobre las partidas que exigen más gastos, inquiriendo con este propósito a los oficiales de contabilidad de los ministerios y a otras personas, y redactando una serie de informes a la Cámara.

Los informes del Inspector y Auditor General, así como el de la comisión de cuentas públicas, serán de la mayor exactitud posible para evitar dificultades a la Administración. Los gastos excesivos no son de su competencia; en lo que se refiere a este extremo, la responsabilidad reside en el Gobierno y en la Cámara de los Comunes, si bien no deja de ejercer una muy poderosa influencia en las irregularidades de las inversiones. La Cámara destina algunos días, en ciertas ocasiones, para la discusión de estos informes, pero, generalmente se hallan dificultades para inducir a la Cámara a que preste mucho interés a las irregularidades financieras de años anteriores.

Hemos estudiado ya con suficiente extensión el control ejercido por la Cámara de los Comunes sobre las inversiones de fondos. Ahora nos queda por examinar lo referente a tributaciones.

Una vez cada año, comúnmente poco después de Pascua de Resurrección, el ministro de Hacienda hace su estudio tributario en la Comisión de arbitrios, revisa los datos financieros del año anterior, comparando las cifras con los resultados actuales, y entonces calcula las necesidades financieras para el año corriente o venidero, explicando el modo de conseguir los ingresos con que cubrirlas. En este trabajo procura sujetarse, lo más estrictamente posible, a las cifras comparadas entre el presupuesto de ingresos y el de inversiones. Si el presupuesto de ingresos, basado en los medios existentes, es más que suficiente para cubrir el presupuesto de gastos, se encuentra en situación de poder suprimir o reducir los tributos. Si es insuficiente, ha de ampliar los impuestos existentes o establecer otros nuevos. Sus proposiciones a este respecto son detalladas en resoluciones que se entregan a la mesa de la Cámara inmediatamente después de haber sido terminado su presupuesto financiero, así como las resoluciones de la comisión de subsidios no obtienen fuerza legal hasta que han sido confirmadas por una ley del Parlamento. Pero es preciso prevenir los efectos que en tales tributaciones anuales puede producir un intervalo de tiempo, así como evitar las pérdidas de ingresos tributarios que podrían sobrevenir, en muchos casos, al existir un espacio entre el anuncio de la intención de aumentar o imponer un impuesto y la fecha en que el aumento o la imposición tiene efecto.

Si existiera, por ejemplo, la intención de aumentar el impuesto sobre el té, y se anunciara antes de la fecha en que este aumento hubiera de entrar en vigor, el té invadiría inmediatamente los puertos del país, entrando con tipos de impuesto más bajos. Como consecuencia de esto, en la ley aprobada en 1913, se modifica una costumbre que provenía por lo menos de los tiempos de Blackstone, en el siglo XVIII, tomándose el acuerdo de que un impuesto que hubiera de entrar pronto en vigor tuviera en seguida efectos provisionales. De esta forma, si la medida se aprueba en el Parlamento, toma cuerpo de ley, confirmándose por un acta parlamentaria que, con el propósito anteriormente apuntado, tiene efectos retrospectivos. Si fuera modificada al pasar por la Cámara de los Comunes, cualquier ingreso realizado en exceso de lo autorizado últimamente tendría que ser devuelto.

Las medidas financieras propuestas por el ministro de Hacienda se discuten en la comisión de arbitrios, que puede rechazar o modificar cualquier medida, pero no —a menos que sea a instancias de un ministro de la Corona— aumentar la cifra propuesta para los ingresos tributarios. Cuando estas medidas han sido aprobadas por la comisión y confirmadas por la Cámara, toman la forma de un proyecto de ley que sigue los mismos trámites de otros proyectos y que, cuando es aprobada, se denomina Ley de Hacienda.

Anteriormente, existía la práctica de hacer varias leyes tributarias para cada año. Por medio de diversas medidas legislativas fueron tratadas en el Parlamento en distintas ocasiones diferentes tributaciones o series de ellas, así como proposiciones relativas a ingresos administrativos y a la Deuda nacional. Como consecuencia de esta costumbre, Gladstone presentó, en 1860, una proposición, en la cual se trataban los temas tributarios en un proyecto de ley aparte. Pero hubo de alterarse el procedimiento cuando la Cámara de los Lores rechazó el Proyecto de Hacienda. Los Lores sostienen siempre su derecho a rechazar cualquier proyecto de ley sobre finanzas aunque nunca se aventuraron a hacer modificaciones en ellos. Con el fin de dificultar el ejercicio de tal derecho de veto, Gladstone desenvolvió en 1861 un proyecto tributario, de clara comprensión, incluyendo en él todas las contribuciones que habían de ser impuestas o continuadas, práctica que ha venido desarrollándose desde entonces. Hasta 1894, la ley referente a tributaciones anuales era conocida bajo el nombre de Ley de Derechos y de Ingresos nacionales. En el citado año cambióse este nombre por el de Ley de Hacienda, denominación que se ha mantenido hasta la fecha.

Bajo esta denominación se incluyen, generalmente, no solo todas las tributaciones impuestas o continuadas para el año financiero, sino también aquellas disposiciones fiscales que se crean necesarias con relación a los ingresos o a la Deuda nacional, aunque alguna de estas disposiciones se dictan, ciertas veces, por medio de medidas legislativas.

Los tributos no son el único procedimiento que existe para arbitrar fondos con que atender a las necesidades del Estado. Como ocurre en todas las demás actividades nacionales, es preciso hacer empréstitos, bien como anticipos sobre los ingresos ordinarios del año o para cubrir gastos que no eran susceptibles de ser cubiertos con las rentas anuales. Todas las leyes sobre fondos consolidados, así como las de aplicación de cuentas, contienen una disposición en que se faculta a la Tesorería para realizar empréstitos cortos, por medio de proyectos de ley de la Tesorería presentados en la Cámara, ampliando los gastos autorizados. Estos empréstitos forman la gran masa financiera de la Deuda flotante y con su ayuda fue como pudo desenvolver sus actividades el Gobierno durante algún tiempo después de haber sido rechazado el Proyecto de Hacienda en 1909. Los empréstitos hechos a base de plazos más largos requieren una legislación especial que ha de ir precedida de resoluciones parlamentarias similares a las que preceden a un proyecto financiero de carácter ordinario.

Si nos preguntamos hasta dónde llega la influencia de la Cámara de los Comunes sobre las inversiones e ingresos financieros y hasta dónde es efectiva, la respuesta habrá de ser, probablemente, que, en lo que atañe a irregularidades de gastos, el sistema de este control es completamente efectivo y satisfactorio y que, en lo concerniente a la capacidad de estas inversiones, el control no es muy eficaz, pero es substancial en lo que afecta a la facultad tributaria.

Cuando se ataca a un Gobierno acusándole de realizar gastos excesivos suele responder este, con razón, que la intervención de la Cámara de los Comunes afecta más a la orientación de los gastos que a su limitación. Se habla de economías en abstracto; pero las exigencias de gastos representan algo más detallado y específico, algo más persistente y, desde luego, más efectivo. Nada más difícil ni impopular que realizar economías en la Administración. Los intentos que se hagan en este sentido han de hallar oposición, no solamente en argumentos basados en la eficiencia, sino en la más formidable aún de los numerosos intereses privados y personales a los que afectaría adversamente la restricción. El verdadero guardián de los fondos públicos, el perro de presa que los defiende contra tales exigencias, es la Tesorería, y esta no es popular.

Se ha dicho a menudo que el control de la Tesorería sobre los presupuestos debería estar asesorado por la intervención de una comisión especial de la Cámara de los Comunes que tuviera la misión de revisar los presupuestos, o alguna parte de ellos, antes de que fueran sometidos a la que se denomina Comisión de subsidios, que, como ya hemos visto, es realmente la propia Cámara.

Es difícil afirmar si tal Comisión, al igual que ocurre con el propio Parlamento, se inclinaría más a menudo hacia los gastos que hacia las economías. Pero, además de esto, surgen obstáculos en la manera de adoptar la anterior idea. Existe la dificultad de considerar la Administración, aparte de la Política, y existe también la grave objeción de que esas comisiones compartirían y debilitarían la exclusiva responsabilidad de los ministros, que estos deben asumir en lo que afecta a los presupuestos. Pero ha sido reconocida repetidas veces la necesidad de algunas reformas respecto al sistema de controlar los gastos, y se han nombrado, de vez en cuando, comisiones de presupuestos, en varias formas y con distintas facultades, aunque, desde luego, dichos ensayos no han obtenido grandes resultados.

Por lo demás, el control de la Cámara de los Comunes sobre la función tributaria es irrefutablemente substancial y efectivo. La tributación, al contrario de lo que ocurre con los gastos, es siempre impopular, y el ministro de Hacienda puede decir con propiedad que es más agradable ofrecer que recibir. Desde luego, toda proposición referente a tributaciones que piense desenvolver, ha de tropezar, seguramente, con la crítica vigilante y bien informada, y tendrá que hacer frente a una formidable oposición.

Es cierto que el ministro de Hacienda en Inglaterra puede ejercer más influencia sobre la suerte de sus proyectos económicos que los ministros del mismo ramo de otras muchas naciones. En Francia, las proposiciones financieras pasan por una poderosa comisión de Hacienda, que las desarrolla completamente al margen del ministro, devolviéndolas, a menudo, en forma muy en desacuerdo con su plan inicial. En Alemania ocurre algo muy semejante. En Inglaterra el ministro de Hacienda mantiene la influencia y responsabilidad sobre sus resoluciones financieras y sobre los proyectos de la ley basados en ellos, desde los comienzos hasta el fin de su desarrollo parlamentario. Pero tiene que librar batallas, a través de las discusiones parlamentarias, defendiéndolos como mejor pueda y hallando, a su paso, la crítica que le acosa en todo momento y sufriendo sus proposiciones a menudo reformas substanciales antes de que tomen forma de ley.

Administración

El Parlamento no gobierna. Gobierno parlamentario no quiere decir gobierno ejercido por el Parlamento; solo una vez, en el curso de la historia de Inglaterra, la Cámara de los Comunes ha intentado administrar los negocios públicos por medio de comisiones ejecutivas y el precedente sentado por el llamado *Parlamento largo* no tuvo continuación.

Lo que hace el Parlamento, y especialmente la Cámara de los Comunes, es, en primer lugar, cerciorarse de que los ministros de la Corona que dirigen y son responsables del poder ejecutivo de la nación, representan y tienen la confianza del partido, o combinaciones de partido que lleva una mayoría a la Cámara, y, en segundo lugar, influir en la acción de estos ministros por medio de interpelaciones y del ejercicio de la crítica.

Cualquier miembro del Parlamento tiene derecho a hacer una interpelación a un ministro de la Corona, que es, a su vez, miembro de la Cámara, sobre los negocios públicos de su competencia o sobre determinado asunto de administración que caiga bajo su responsabilidad. El objeto de tales interpelaciones es la obtención de informes sobre un asunto o hecho del conocimiento especial del ministro; las reglas y prácticas de la Cámara limitan el derecho a formular preguntas, así como establecen que estas no se salgan del motivo que las produce.

La costumbre de interpelar a los ministros sobre distintos asuntos, se desarrolló rápidamente durante la última mitad del siglo XIX, y como tendía a ocupar demasiado espacio de tiempo se hizo necesaria la restricción. Conforme a las reglas actualmente existentes, y salvo en casos especiales, deben notificarse previamente estas interpretaciones, apareciendo en el Diario de Avisos de la Cámara, por lo menos un día antes que la pregunta haya de ser hecha, de forma que el ministro pueda tener tiempo de preparar la respuesta. Cuando el miembro parlamentario desea que su pregunta obtenga una réplica verbal, lo índica con un asterisco y se señala un período de tiempo de tres cuartos de hora, durante cuatro días de la semana, para responder a estas interpelaciones. En este espacio de tiempo pueden suscitarse otras preguntas suplementarias, dentro de los límites determinados por el Presidente de la Cámara, pero no se permite plantear ningún debate, diferenciándose, en este sentido, la práctica parlamentaria inglesa de las interpelaciones en la Cámara francesa. El ministro no puede verse obligado a responder a todas las cuestiones, y algunas veces renuncia a hacerlo por causa de interés público. Es de su incumbencia determinar qué clase de respuestas se consideran prudentes y oportunas en las circunstancias de cada caso. Si se diera una respuesta no satisfactoria, puede presentarse una moción para que la Cámara apruebe una prórroga, lo que, en el actual sistema parlamentario es la manera técnica de obtener una discusión a una hora del día más tarde de lo señalado. Pero esta moción no puede presentarse, a menos que el asunto que se haya de discutir sea «una cuestión de verdadero y urgente interés público» y el Presidente de la Cámara es severo en la interpretación de estas reglas. La respuesta de que es «concedida» o «no concedida» la prórroga para la discusión de los asuntos que no pueden entrar dentro del período señalado, se comunica en seguida a los miembros.

Estas interpelaciones son uno de los métodos más fáciles para que un miembro pueda demostrar a sus electores la atención que pone en los negocios públicos y en sus intereses particulares. Por esta y otras razones, el derecho de hacer preguntas es susceptible de abuso, y su ejercicio requiere la cuidadosa vigilancia del Presidente de la Cámara y de aquellos que actúan bajo su autoridad.

Pero no existe ninguna otra salvaguardia contra la mala administración ni otro método práctico de llevar la luz de la investigación y la crítica sobre la actividad o pasividad del poder ejecutivo y de sus subordinados. El ministro no solo ha de preguntarse constantemente si sus medidas, y las de aquellos de que él es responsable, tienen defensa legal o técnica, sino qué clase de respuesta puede dar en caso de ser interpelado en la Cámara sobre ellas, y cómo serán recibidas estas respuestas.

El planteamiento de tales preguntas parlamentarias no es el único modo por el que la Cámara puede obtener informaciones del Gobierno. Estas informaciones pueden conseguirse también presentando cualquier miembro una moción al Gobierno, la que este devuelve por mediación de uno de los ministerios, suministrando los datos informativos pedidos. Algunas de estas mociones destinadas a ser devueltas debidamente informadas, pueden ser rechazadas por determinada causa de interés general, como en el caso en que afecten a cuestiones que no sean verdaderamente de interés público, o cuando representan un trabajo y un gasto no razonables; pero se cursa y devuelve una buena parte de tales informaciones sin oposición ninguna. El Gobierno puede también presentar a la Cámara, y lo hace a menudo, documentos informativos, conocidos bajo el nombre de «documentos-órdenes» porque se suponen presentados por orden real.

Otro procedimiento para obtener informaciones consiste en el nombramiento de una comisión parlamentaria, o una comisión regia, o una comisión especializada en las actividades de uno de los departamentos o Ministerios del Gobierno. Estos procedimientos se adoptan a instancia del Parlamento, cuando su objeto es recopilar, estudiar o formular ideas sobre reformas de índole legislativa o administrativa. Las comisiones parlamentarias son nombradas y constituidas por disposición de la Cámara, con facultad para requerir la asistencia de testigos y la preparación de informes. No pueden actuar mientras no esté reunida la Cámara, y son nombradas para una sola sesión, de forma que en caso de que su labor no haya sido ultimada al fin de la sesión, es necesario volver a nombrar la comisión. Algunas veces se forman comisiones a base de elementos de ambas Cámaras, consistentes en miembros seleccionados de cada una de las corporaciones parlamentarias. Cuando de las cuestiones que se han de discutir derivan temas de carácter político, se prefiere generalmente el nombramiento de una comisión parlamentaria o de una comisión regia a una comisión de Ministerio.

Las comisiones regias son nombradas y constituidas por el Rey con el consejo del ministro que dirige el departamento o ministerio del Gobierno al que concierne especialmente el asunto que se ha de tratar. Estas comisiones no tienen la facultad de requerir la presencia de testigos ni la formación de documentos parlamentarios, a menos que sean investidas con tal facultad por una ley del Parlamento. Por otra parte, sus reuniones y duración son independientes de las reuniones de la Cámara.

Las comisiones de Ministerio las nombra y constituye uno de los ministros de la Corona para investigar e informar determinado asunto que afecta a los trabajos de su ministerio. Sus funciones y facultades son muy semejantes a las comisiones regias.

Los documentos legislativos presentados a ambas Cámaras, ya por orden del Parlamento, ya a iniciativa de un ministro de la Corona; los informes periódicamente presentados, de acuerdo con las instrucciones dadas en Actas del Parlamento, y los estudios de las comisiones diversas, forman el volumen de documentos oficiales conocidos vulgarmente bajo el nombre de «Libro Azul».

Las cuestiones y mociones que se presentan para que sean devueltas debidamente informadas, son medios para la obtención de datos informativos sobre los que pueda basarse una labor de crítica; pero no dan, por sí mismas, la oportunidad de realizar esta crítica. Tales oportunidades se consiguen por medios diversos.

Al comenzar cada período parlamentario pueden presentarse enmiendas al discurso que contesta el Mensaje de la Corona, de forma que hagan surgir un debate sobre algún tema de interés general o de administración pública. Los asuntos preferidos, generalmente, en estos casos, son aquellos que, en un momento determinado, han de suscitar mayor interés y cuyo debate puede durar varios días.

Todo miembro del Parlamento dispone de la facultad de presentar una moción condenando o criticando la conducta del Gobierno, o de algún miembro o departamento ministerial del Gobierno. Si esta moción es presentada por el miembro del Parlamento que dirige la oposición, se la considera como demanda de un voto de confianza, y, en este caso, el Gobierno concede el tiempo necesario para que sea discutida. Mas para otros miembros parlamentarios, las oportunidades que se les presentan en el ejercicio de su derecho se hallan, en la práctica, limitadas de un modo severo. Durante la primera parte del período parlamentario se destina un número determinado de tardes —en los comienzos dos tardes por semana; después, una solamente— para las mociones particulares de los parlamentarios. Pero estas tardes las habilita a veces el Gobierno para otros fines, cuando existe un exceso de trabajo; se suprimen por completo después de Pentecostés, y, en los días que son utilizadas, no se saca de ellas un provecho completo.

Se presentan otras oportunidades más frecuentes y regulares para revisar y criticar la acción del Gobierno, en el curso de los diversos períodos porque, como hemos explicado previamente, atraviesan los proyectos sobre tributaciones y autorizaciones de gastos. Según los antiguos principios constitucionales establecidos en los primeros Parlamentos, el estudio de los perjuicios que puedan causar las medidas financieras debe preceder a las votaciones de fondos públicos, y se ha deducido, como regla parlamentaria, que la gestión de cada ministro y de los Ministerios y departamentos del Gobierno sobre los que actúa su autoridad, puede ser discutida en el debate de la sección de gastos concerniente a ellos. En la moción presentada para que pase a la comisión de arbitrios referente a los presupuestos navales, puede hacerse surgir la discusión de cualquier asunto que afecte a la administración de la marina de guerra, y lo mismo ocurre con los presupuestos militares y los de administración civil. En la comisión, la discusión se ciñe al voto o votos financieros en discusión, aunque se da mayor amplitud al debate en la primera votación relativa a los presupuestos navales y militares.

Para estas discusiones se destina un número mínimo de días, no menor de veinte en cada sesión o período parlamentario, antes del 5 de agosto. Las votaciones que se han de efectuar en cada uno de estos días se preparan, previo acuerdo entre los directores políticos de partido, y son estudiadas por la oposición como un procedimiento natural y normal de ponderar la labor del Gobierno; se reservan dos o tres de estos citados días para la discusión de las reclamaciones de Escocia e Irlanda.

Igualmente surgen nuevas oportunidades para discutir el desarrollo de la administración, al tratar otros asuntos concernientes a gastos, cuando se presentan los presupuestos parlamentarios y los anticipos financieros, así como en los debates que pueden plantearse cuando se comunican a la Cámara los resultados de los acuerdos de la comisión, y en la etapa de la segunda y tercera lectura de cualquier proyecto de ley relativo a fondos consolidados u otros referentes a aplicación de fondos, ya que en estas etapas parlamentarias puede ser discutida la conducta o actuación de cualquiera de los que reciben o administran los fondos especificados y sancionados por el proyecto de ley. De esta forma y, por medio de tal intervención fiscalizadora, todos los departamentos del Gobierno, todas las ramas de la administración central, están sujetas al escalpelo de la crítica parlamentaria. Aun hay otras oportunidades para practicar esta crítica, al presentarse la moción de suspensión de sesiones por vacación, concediéndose entonces una gran amplitud a los debates.

Algunas veces hemos oído hablar de la tiranía ejercida por los Gabinetes y por aquellos en los que se basa su autoridad. Es cierto que el poder ejecutivo de la nación ejerce la función más importante en la iniciación de medidas legislativas y financieras y la más decisiva influencia en el desarrollo de la Legislatura que las que disfrutan las instituciones parlamentarias de otros países. Es cierto, también, que los lazos de disciplina de partido tienden cada vez a ser más fuertes. Pero el Gobierno ha de defender con argumentos todas sus proposiciones legislativas y financieras, y puede verse requerido a aclarar y justificar su conducta en cualquier ramo de su ejercicio administrativo.

Es probablemente cierto que el tiempo destinado al control administrativo en la Comisión de subsidios se ve monopolizado, a menudo, por interrupciones y habilidades hechas sobre reclamaciones sin importancia. El sistema tiene sus defectos, pero ejerce una saludable influencia en el mundo político, y, frecuentemente, da ocasión a que surjan debates de gran valor e importancia. Nada aclara tanto la atmósfera como un buen debate parlamentario, ni revela de un modo más perfecto las distintas orientaciones del sentimiento popular y de su opinión, y de la fuerza que arrastra. Como consecuencia de estos debates surgen los criterios de las minorías, lo cual representa una dura prueba para el Gobierno. Los argumentos y actitudes de estas minorías y de los miembros parlamentarios independientes son factores de máxima importancia para determinar la acción gubernamental.

Debemos repetir que el Parlamento no gobierna ni intenta gobernar. El ideal en que se basan las instituciones parlamentarias es un poder ejecutivo sólido, templado y controlado por la constante crítica y vigilancia de la representación parlamentaria.

CAPÍTULO V

SESIONES Y PROCEDIMIENTO

Desde los comienzos de la historia del Parlamento, Westminster ha sido siempre el lugar en que este se ha reunido ordinariamente. Lo ha hecho también en otros lugares, en circunstancias excepcionales, pero Westminster fue siempre su residencia normal. La última vez que se reunió en otra parte fue en el Parlamento de Carlos II, el cual actuó en Oxford. Los reyes Plantagenets tenían costumbres nómadas, y por razones de guerra, de Estado o de economía, cambiaban a menudo de residencia. Pero el palacio de Westminster, apartado y, no obstante, relativamente cerca, enclavado en la ciudad más importante, fue su residencia principal, y era lógico, por esto, que las asambleas reunidas en Parlamento fueran convocadas en su Palacio de Westminster.

El antiguo palacio y la Abadía se hallaban prácticamente contiguos, ya que del primero se pasaba al interior de la Abadía por una puerta del antiguo palacio de Yard, que comunicaba con el patio interior del palacio. Cuál era la sala o habitación del palacio que se utilizó más frecuentemente para las reuniones de los primeros parlamentos, es un hecho incierto; pero se sabe que durante muchas centurias y hasta el fin del siglo XVIII los Lores se reunían en un antiguo edificio situado en la parte Sur. Este edificio fue el que Guy Fawkes intentó hacer volar con una mina.

Otro tema objeto de discusiones entre los historiadores es el de si en los primeros Parlamentos, las dos Cámaras se reunieron juntas y, de ser así, en qué fecha comenzaron a reunirse aparte. Acaso esté justificado dudar si es cierto que se reunieron juntas alguna vez. Como hemos explicado en un capítulo anterior, el ceremonial de estos Parlamentos se parecía al de una recepción de Príncipes indios, y podemos imaginarnos al Rey en su trono, con asientos para algunos de sus grandes nobles y prelados, pero para nadie más de la asamblea reunida en el salón. Esta asamblea se agrupaba con arreglo a la dignidad y conveniencia de sus componentes; los barones que ostentaban su propia representación se mezclaban a menudo con los caballeros que representaban a los condados, sin que hubiera ninguna separación material entre los ciudadanos y los villanos.

No obstante, se sabe que, antiguamente, durante el reinado de Eduardo III, los Comunes, después de abierto el Parlamento, pasaban a tomar sus acuerdos a otra habitación separada. Parece que el lugar de estas deliberaciones fue, usualmente, la Abadía contigua, bien en la sala capitular o en el refectorio. Son dudosos e imperfectos los datos sobre este particular, pero la tradición es unánime en afirmar que hasta el fin del reinado de Enrique VIII el lugar usual de reunirse era la Capilla de

Westminster. Se hallaba situada esta lo bastante cerca del Palacio y podemos suponer que su habilitación para este fin secular fue tanto por orden del Rey como por permiso del Abad. Las relaciones habidas entre el Palacio y la Abadía, es decir, entre el Rey y el Abad, fueron íntimas y no se acostumbraba a discutir entre ellos, demasiado minuciosamente, la autoridad de cada uno.

Los reyes Plantagenets guardaban su tesoro en la Abadía, muy cerca de la Capilla, y ejercían sus derechos sobre esta parte del edificio. Hoy esta Capilla está, como lo indica la presencia de policías, bajo la custodia, no del Deán, sino del delegado especial del Rey.

Enrique VIII anuló la fundación de la Capilla de San Esteban, que había sido Capilla Real de Palacio, y en 1547, primer año del reinado de su sucesor, esta capilla fue destinada a Cámara de los Comunes y continuó siéndolo hasta el incendio de 1834. Después de la demolición y alteraciones que comenzaron en el año 1800, los Lores se reunieron en un amplio salón conocido en diversos tiempos con el nombre de Sala Blanca y Tribunal de Apelación, en la misma línea topográfica de la Cámara de Westminster, y situado en el mismo lugar en que actualmente se levanta la estatua de Ricardo Corazón de León. A la derecha de esta sala, y paralelamente a la Capilla de San Esteban, se hallaba un antiguo edificio llamado el Salón de las Pinturas, debido a las decoraciones de sus paredes. En esta habitación se celebraban comúnmente las conferencias de las dos Cámaras. El incendio de 1834 destruyó por completo el antiguo Palacio, excepto el Salón de Westminster y la cripta, y parte de los claustros de la Capilla de San Esteban. Pero el salón usado entonces para Cámara de los Lores, así como el Salón de las Pinturas fueron reconstruidos provisionalmente y amueblados de nuevo, el primero para los Comunes, el segundo para los Lores.

El nuevo palacio que se levantó sobre las ruinas del antiguo fue proyectado por sir Charles Barry, y su construcción duró muchos años. Los primeros que ocuparon su actual residencia fueron los Lores, en 13 de abril de 1847, instalándose en la suya los Comunes en 13 de mayo de 1850.

El antiguo palacio cesó de ser residencia real desde principios del reinado de Enrique VIII, pero continuó siendo Palacio Real y, como tal, se encuentra bajo la custodia del gran Lord Chambeland, cargo oficial hereditario.

Las salas destinadas, en el palacio, a las reuniones de ambas Cámaras se hallan situadas una enfrente de otra, de manera que a través de la sala intermedia y de los corredores se ve el trono del Ley, al final de la parte Sur de la Cámara de los Lores, desde el sitio en que se encuentra emplazado el sillón del Presidente en el extremo Norte de la Cámara de los Comunes. La Sala de San Esteban forma ángulo recto con estas, y el Salón de Westminster con una hilera de estatuas de hombres de Estado que actuaron en el Parlamento; esta sala ocupa el lugar de la Capilla de San Esteban, que durante cerca de 300 años fue la Cámara de los Comunes. La habitación en que actualmente se reúne la Cámara de los Comunes está construida en las mismas líneas generales de la antigua Capilla de San Esteban, y, al igual que esta, no dispone de los asientos necesarios para la totalidad de los miembros del Parlamento.

En el salón de la Cámara hay menos de 350 asientos para los 615 miembros que la forman. Pero la falta de *confort* tiene una compensación en la facilidad de oír. Cualquiera puede hacerse escuchar sin forzar el tono de su voz, y los debates se hacen más fáciles que en recintos espaciosos, tales como el Parlamento de Washington. El hecho de que la Cámara de los Comunes se reúna en una habitación reducida, con los escaños enfrontados, y no, como ocurre en la mayoría de las corporaciones parlamentarias de Europa, en un espacio semicircular, con los asientos ordenados en forma de anfiteatro, hace que, los dos partidos turnantes del sistema político[1] y los distintos matices parlamentarios, se agrupen unos enfrente de otros. En la Cámara de lös Lores hay bancos cruzados, pero en la Cámara de los Comunes no existen.

Respecto al lugar de las reuniones, bastan las indicaciones que anteceden. Al tratar del tiempo de estas, debemos, en primer lugar, distinguir entre Parlamento, período parlamentario, y reunión parlamentaria.

Se reúne el nuevo Parlamento por medio de una convocatoria dictada por el departamento constitucional de la Corona, como consecuencia de un edicto real y orden dispuesta en Consejo, para convocar a los Pares, dirigir las elecciones de los miembros de la Cámara de los Comunes y fijar el día en que debe reunirse el Parlamento. El mismo edicto disuelve el Parlamento y convoca al que ha de sucederle mediante unas elecciones generales que vinculan el fin del uno al nacimiento del otro. Corresponde al Rey, obrando con el consejo de sus ministros, determinar la fecha de disolución y la de nueva convocatoria. La duración del Parlamento fue fijada, por la Ley Septenial, en siete años, y actualmente se halla reducida, por disposición legislativa, a cinco, pero casi siempre se anticipa la disolución antes de que acabe completamente el período.

Bajo el gobierno de los reyes Plantagenets bastaban algunos días para las labores de cada Parlamento. En la época de los Tudor duraban más, y nació la costumbre de que un mismo Parlamento celebrara varias sesiones. El período parlamentario termina por suspensión, que, al igual de la disolución, se efectúa por orden del Rey, quien obra con el consejo de sus ministros. Su terminación no afecta a la reunión de los miembros parlamentarios, sino al fin de los asuntos corrientes del período, cancelando todos los proyectos de ley que no se han constituido en medidas legislativas.

Las reuniones de cualquiera de las Cámaras se terminan por suspensión transitoria, y esta, al contrario de lo que ocurre con una disolución del Parlamento o con el final de un período, es la acción de cada Cámara que actúa independientemente y en tiempos distintos de la otra corporación parlamentaria y que interrumpe, simplemente, el desarrollo normal de los negocios.

Ejercen este derecho las dos Cámaras interrumpiendo sus reuniones cada día con los intervalos de las vacaciones, que, usualmente, son en las Pascuas de Resurrección y Pentecostés, y algunas veces, para un período más largo, en otoño.

La apertura del nuevo Parlamento y la de cada nueva sesión se realiza con arreglo a un ceremonial que recuerda y proviene de los tiempos primitivos de los Plantagenets. El Rey se sienta en su trono, teniendo a ambos lados a las altas autoridades del Estado. Los escaños de la Cámara de los Lores se hallan ocupados por los Lores espirituales y temporales revestidos con sus trajes oficiales, y por los Pares. Los jueces convocados para que hagan acto de presencia se instalan en medio.

---

1 Tres —conservador, liberal y laborista— en la actualidad.

Los Comunes, por su carácter popular, se colocan donde pueden en el estrado, o cerca de él, con su presidente a la cabeza.

El horario que rige las reuniones de la Cámara de los Comunes ha sufrido muchas alteraciones en el curso de las centurias. En el siglo XVII, las reuniones parlamentarias comenzaban, con el período de preguntas, a las ocho y media o las nueve de la mañana. Las dificultades debidas a la luz artificial desanimaban la última parte de las reuniones parlamentarias, y los rayos del sol naciente, filtrándose por los ventanales de San Esteban, inspiraron, una vez, cierta famosa peroración de Pitt el menor.

Desde mediados del siglo XIX, la frecuencia y duración de las deliberaciones parlamentarias demostraban elocuentemente la salud y fortaleza de sus miembros; pero el exceso de trabajo fue regulado por una nueva disposición sobre el reglamento del Parlamento, dada en 1888, llamada de «las doce», por la que terminaban ordinariamente los trabajos del Parlamento a medianoche. La hora normal de interrumpir estos trabajos fue cambiada en 1906, de doce a once.

Conforme a las disposiciones vigentes, la Cámara se reúne a las dos y cuarenta y cinco de la tarde, los lunes, martes, miércoles y jueves. Inmediatamente después del período de ruegos, la Cámara inicia los trabajos de Estado tratando asuntos breves, tales como los proyectos de ley que hayan de ser informados, las mociones presentadas sobre estos proyectos, y la presentación de cualquiera petición que los miembros parlamentarios deseen hacer verbalmente, en lugar de realizarlo por escrito colocándola en alguna de las antiguas y bellas carpetas puestas al lado o cerca del sillón presidencial. Se destinan tres cuartos de hora, y si es posible más, a las interpelaciones hechas a los ministros, pero estas se hallan sujetas a ciertas excepciones, y deben terminar a las tres cuarenta y cinco, de forma que los asuntos normales que han de tratarse en la reunión parlamentaria —es decir, el orden del día establecido en el Diario de avisos— comience alrededor de las cuatro, continuando hasta las once. Después de esta hora no pueden tratarse asuntos de oposición, a no ser que pertenezcan a una calidad especial de excepción, o a menos que la disposición establecida en el Parlamento de interrumpir los trabajos a las once sea suspendida por orden de la Cámara. Esto no deja de ocurrir con cierta frecuencia ante un exceso de trabajo; pero, en general, los miembros parlamentarios vuelven a sus casas mucho más temprano que bajo el antiguo sistema.

Existe la costumbre de disponer de un intervalo para cenar. Primeramente era este breve y extraoficial; después fue reconocido y ampliado por una alteración del reglamento hecha en 1902 y anulada en 1906. Actualmente los Diputados cenan cómo y cuándo pueden, pero la Cámara se halla muchas veces muy poco nutrida entre las ocho y las nueve y media. Los viernes se reúne la Cámara a las once, y hasta que llega la última parte de la sesión se destina el tiempo a la discusión de proyectos de ley presentados privadamente por los parlamentarios, no iniciándose los debates hasta después de las cuatro o cuatro y media. Los viernes no suele haber interpelaciones.

Cada una de las Cámaras del Parlamento ha guardado siempre, con gran celo, su autonomía y su facultad de regular sus propios derechos, privilegios y procedimientos. Esta es la causa del desarrollo de la Ley Parlamentaria de que habló con tanta reverencia sir Edward Coke en el siglo XVII y que recoge los derechos, usos, prácticas y regulaciones de cada Cámara. Esta ley consiste, parcialmente, en costumbres tradicionales, cuya esencia se halla en los precedentes, reglamentaciones y decisiones parlamentarias, y, en parte también, en leyes estatuidas por disposiciones de la Cámara.

Bentham las hubiera clasificado, desde otro punto de vista, en leyes substantivas de derechos y privilegios y leyes adjetivas de procedimientos. La ley sustantiva incluiría las reglas que gobiernan los derechos de cada Cámara o de los miembros de las mismas, en sus relaciones mutuas y con la Corona, con las autoridades ejecutivas y judiciales del país, y con los individuos y corporaciones ajenos al Parlamento. Los privilegios proclamados por la Cámara de los Comunes, por mediación de su Presidente, al comienzo de cada legislatura, daban lugar, en el siglo XVII, a controversias entre el Rey y el Parlamento. En el siglo XVIII, los Comunes insistían demasiado sobre esos privilegios, y, a menudo, injustificadamente, pero en el siglo XX han sido relegados a un segundo término, ya que las relaciones entre las dos Cámaras son de muy distinta índole.

Son raros los casos en que un miembro del Parlamento puede, como tal, reclamar algún privilegio excepcional o inmunidad. El Presidente de la Cámara conserva los derechos y privilegios de esta y de sus miembros, pero se inclina a evitar el mantenimiento de aquellos privilegios complicados y difíciles de sostener. Es costumbre de la Cámara —dijo una vez Mr. Peel, su presidente— restringir los privilegios, condicionándolos y limitándolos considerablemente.

No es este el momento de estudiar en detalle el procedimiento parlamentario. Existen fórmulas venerables que datan de la época de los Plantagenets, tal como el modo de dar el asentimiento real a las leyes y la fórmula normando-francesa que se inscribe en los proyectos de ley cuando pasan de una Cámara a otra. Existen prácticas que son muy antiguas, pero cuyo origen no puede precisarse con datos concretos, tal como las tres lecturas de los proyectos. Hay también reglas de cortesía que, según el estudio de sir Symonds d'Ewes, tienen su origen en el reinado de Isabel. Hay curiosas supervivencias que poseen amplia significación para los investigadores históricos, como son las formalidades observadas cuando se concede la autorización para presentar un proyecto de ley a la Cámara de los Comunes, formalidades que ahora ocupan breves segundos, pero que representan, en simbólica y condensada manera, procedimientos que en el siglo XVII podían ocupar días o semanas. Existe un vasto conjunto de reglas y precedentes en los que un miembro veterano de la Cámara y hasta un Presidente experto puede extraviarse. Hay algunos casos, poco corrientes, en que la aplicación equivocada de precedentes parece haber torcido el procedimiento de su verdadero curso. Pero los principios generales son claros e inteligibles, su aplicación detallada se basa en la experiencia de muchas centurias, y estos deben ser observados por todas las asambleas deliberadoras. Debe existir la autoridad necesaria para imponer orden y decoro y para evitar la pérdida de tiempo. Es conveniente que los miembros del Parlamento conozcan los asuntos que se van a tratar antes de asistir a la Cámara, para que esos asuntos no les sorprendan sin preparación. En la Cámara de los Comunes puede surgir lo imprevisto, como en cualquier otra parte, pero no debe existir ninguna desviación del orden del día, que informa a los parlamentarios de los asuntos que se han de tratar, disposición que puede pasar inadvertida a un miembro inexperto, pero que se impone para proteger a sus colegas. Aquellas cuestiones sobre que la Cámara ha de expresar su opinión deben desarrollarse de tal manera que hagan surgir una fórmula definida e inteligible, y este es el objeto de las disposiciones técnicas referentes a enmiendas. Las líneas generales del sistema parlamentario fueron ordenadas unificadamente en el siglo XVII. La tendencia del siglo XVIII fue estereotipar esas reglas y, a menudo, recargarlas con formalidades fatigosas, complicadas e innecesarias. Bastaban las disposiciones parlamentarias y los precedentes; eran muy raras las reglamentaciones de carácter permanente que limitaran y alteraran las prácticas del Parlamento. De más de noventa disposiciones parlamentarias que regulan hoy, con carácter permanente, los trabajos de la Cámara de los Comunes, solo tres, que afectan al ramo de finanzas, datan del siglo XVIII, y esto no ocurre porque las antiguas disposiciones hayan sido anuladas, sino porque se dictaron muy pocas. Hasta después del Acta de la Reforma de 1832 no se hizo necesaria la labor de perfeccionar y simplificar los procedimientos de la Cámara de los Comunes. Desde esta fecha ha habido alrededor de quince comisiones para tratar del procedimiento público de la Cámara, además de las que estudiaron el sistema de tramitación referente a los proyectos de ley privada; en los trabajos de estas comisiones se basan las disposiciones reglamentarias de carácter permanente de la Cámara. No obstante, debemos repetir que las disposiciones sobre procedimiento parlamentario nunca fueron codificadas. Estas disposiciones reglamentarias permanentes no constituyen ni intentaron nunca constituir código. Simplemente explican, ordenan y alteran, en algunos casos particulares, la ley de la Cámara, basada en la costumbre.

Fue el desenvolvimiento rápido de las actividades del Parlamento y, principalmente, de las de la especial responsabilidad del poder ejecutivo, lo que llevó la reforma del procedimiento parlamentario a la situación establecida después del año 1832. En fecha posterior, el hábil desarrollo de lo que es vulgarmente conocido con el nombre de obstrucción hizo necesario conferir al Presidente de la Cámara, al de las comisiones y a la Cámara misma, facultades más amplias con el fin de evitar las interrupciones en los trabajos de la máquina parlamentaria.

Bajo la antigua práctica de la Cámara, el Presidente de esta y el de las distintas comisiones, tenía y ejercía facultades para evitar las irreverencias, vaguedades, repeticiones y obstrucciones, con el fin de contrarrestar los abusos suscitados por mociones dilatorias y para mantener el orden y el decoro. Estas facultades se hallan actualmente definidas y fortalecidas por disposiciones de carácter permanente. Si un miembro se conduce groseramente o promueve desórdenes, el Presidente de la Cámara o el de una comisión del Pleno pueden obligarle a retirarse. Si un miembro del Parlamento desacata la autoridad de la Presidencia o abusa de las reglas de la Cámara con persistentes y tendenciosas obstrucciones en sus trabajos, puede ser llamado al orden por el Presidente de la misma o de la denominada Comisión del Pleno del Parlamento, y este, presentando una moción, dicta una disposición suspendiéndole del cargo para el resto del período. En caso necesario, puede utilizar, al ser tomados acuerdos de esta índole por la Cámara o por su Presidente, la asistencia del *Serjeant at Arms*[2], auxiliado de las fuerzas necesarias. Si ocurrieran graves desórdenes en la Cámara, el Presidente tiene facultad para, si así lo estima necesario, suspender las sesiones.

Estas facultades, empero, son excepcionales, ejerciéndose tan solo cuando surgen acontecimientos graves y poco corrientes. Con el fin de cursar los trabajos del Parlamento en condiciones normales, se hicieron necesarias y fueron adoptadas otras disposiciones reglamentarias de carácter permanente.

---

2 Funcionario encargado del mantenimiento del orden.

Puede decirse, en términos generales, que los problemas principales del actual sistema parlamentario son dos: por una parte, disponer el tiempo necesario, dentro de las horas limitadas del Parlamento, para resolver la gran cantidad de asuntos que ha de desenvolver el Gobierno; y, por otra parte, compaginar los legítimos deseos del Gobierno con los legítimos derechos de las minorías, el despacho de diversos asuntos con los deberes parlamentarios y la necesidad de que el Parlamento acoja todas las cuestiones de verdadero interés público, hallando una oportunidad para su adecuada discusión. Estos son los problemas para cuya solución se han ido dictando sucesivas enmiendas a las disposiciones reglamentarias. En primer lugar, el tiempo disponible para los negocios públicos del Parlamento ha sido considerablemente ampliado. Con arreglo a las disposiciones reglamentarias existentes, los asuntos del Gobierno tienen prioridad en todas las reuniones parlamentarias, excepto los martes y miércoles después de las ocho y cuarto, y en la sesión del viernes. En la primera parte de la sesión, pero no en la última, las mociones presentadas particularmente por los miembros del Parlamento son admitidas los martes y miércoles por la tarde, y los proyectos de ley presentados, también particularmente, por los diputados, los viernes; pero los debates sobre proyectos de ley (no proyectos presentados por los miembros parlamentarios, sino aquellos que tratan de asuntos ferroviarios y similares) y la, discusión sobre asuntos urgentes de interés público presentados bajo moción pueden ocupar los martes y miércoles por la tarde, para descongestionar el número de las mociones privadas.

Sin embargo, la Cámara, cuando lo exija la labor del Gobierno, puede, por medio de disposiciones especiales, hacer otros arreglos respecto a las oportunidades ofrecidas a los parlamentarios independientes para iniciar discusiones. Debemos recordar que, como se ha explicado ya en un capítulo anterior, no son estas, ciertamente, las únicas ni principales oportunidades para el ejercicio del derecho de crítica que todo diputado tiene independientemente.

En segundo lugar, se ha logrado que el mecanismo parlamentario disponga de los medios precisos para terminar los debates, idea tomada de Francia. Una de las disposiciones reglamentarias faculta al diputado para levantarse en su escaño, reclamando el derecho de que «se dé solución inmediata a la cuestión», y a menos que la presidencia estime que esa moción representa un abuso reglamentario de la Cámara o una infracción de los derechos de las minorías, esta interrupción incidental es aprobada en seguida y en tal caso el asunto original se ultima en el acto decidiéndose lo que sea pertinente sin nuevas enmiendas ni debates. Pero estas mociones que dan fin a los debates no pueden ser aceptadas sin que el Presidente de la Cámara o de la Asamblea, o el diputado o el Presidente de la comisión de arbitrios se halle en el sillón presidencial, y no se aprueba como no la apoyen en votación cien miembros parlamentarios. Se persigue con esto que la Presidencia obre con mucha discreción respecto del momento y circunstancias en que haya de ser impuesto el fin del debate.

En virtud de una enmienda introducida recientemente en las ordenanzas parlamentarias, este sistema se ha extendido a las comisiones permanentes que se ocupan en los proyectos de ley, y, de esta forma, cuando se discute un proyecto en una comisión del Pleno de la Cámara o en el período de informe, el parlamentario que ocupa el sillón presidencial está investido de las facultades necesarias para seleccionar las enmiendas que han de ser discutidas.

Pero, en los últimos años, este procedimiento ordinario de cerrar los debates ha llegado a ser ineficaz para la aprobación de los más importantes proyectos de ley presentados por el Gobierno en la sesión y, a instancias del partido que actúa en el poder, aunque con las naturales protestas de los otros partidos de turno, se adoptan otras medidas más severas. Toman estas la forma de disposiciones especiales de la Cámara para la distribución de tiempo sobre determinados proyectos de ley. y este procedimiento se conoce más comúnmente con el nombre de «guillotina». Consiste en destinar mucho tiempo a la discusión de una cláusula o grupo de cláusulas, o a uno de los períodos por que atraviesa un proyecto de ley, y cuando expira este tiempo se presentan a inmediata aprobación todas las cuestiones necesarias o serie de cuestiones, siendo excluidas todas las enmiendas que queden pendientes, excepto las del Gobierno. Se han hecho muchos ensayos para buscar el modo de distribuir el tiempo y de hallar las necesarias oportunidades para que sean discutidas todas las materias más serias que puedan derivarse de un proyecto, pero estas tentativas han fracasado generalmente ante la prolongación de los debates en asuntos de menor importancia. Nadie defiende estas disposiciones como satisfactorias, pero ningún partido, cuando se halla en el poder, ha encontrado medios viables para gobernar sin ellas.

Una considerable parte de tiempo se emplea en. la Cámara de los Comunes en las votaciones. El procedimiento es familiar para los que concurren a la Cámara. Cuando precisa tomar un acuerdo inmediato sobre un asunto, la Presidencia formula una pregunta basada en una moción que presenta un parlamentario. En el caso de que surja la pregunta en el seno de la Cámara, el Presidente de esta, o quien presida la sesión, expresa su opinión respecto a si la mayoría va a contestar que sí o que no. Dado caso que su opinión sea recibida con muestras de discrepancia, concede dos minutos de intervalo con el fin de dar tiempo a los parlamentarios para que acudan a la Cámara desde otras partes del edificio, siendo llamados por medio de timbres, y exponiéndose nuevamente el asunto a su consideración. Si su criterio es rechazado otra vez, el Presidente da instrucciones para que los que digan sí se agrupen a la derecha y los que digan no a la izquierda, nombrándose dos interventores de escrutinio por cada parte. Los «sí» y «no» se agrupan entonces en sus respectivas divisiones a cada uno de los lados de la Cámara y son tomados sus nombres por los empleados encargados de estas votaciones, siendo recontados por los parlamentarios que se han designado para realizar esta operación, los cuales transmiten el resultado a la mesa de la Cámara,

Cuando actúa la «guillotina», el número de estas votaciones sobre una serie de asuntos es muy considerable. Para un extraño, el procedimiento de hacer agrupar a la Cámara a ambos lados en votaciones sucesivas, previéndose el resultado de estas, puede parecer acaso una pérdida de tiempo; pero el parlamentario experto sabe dar a esta fórmula su justa interpretación. Las listas de tales votaciones son debidamente archivadas, y los electores de los distritos miden la diligencia que los parlamentarios tienen en el cumplimiento de sus deberes guiándose por el número de las votaciones en que toman parte. La asistencia a una votación innecesaria, por conocerse previamente su resultado favorable, avalora en el parlamentario la idea de su rectitud en el cumplimiento de su misión, y las noches en que actúa la «guillotina» son útiles para él en este sentido.

El tiempo destinado a tales votaciones ha sido reducido un tanto, recientemente, por una modificación en el procedimiento; pero desde luego este ahorro de tiempo, no obstante ser útil, no produce ningún resultado apreciable en la acumulación de trabajo de la Cámara. El mejor remedio contra estas congestiones de labor es, a menudo, transferir los proyectos. Se ha conseguido algún alivio trasladando determinados proyectos para que sean discutidos, en sus detalles, al seno de las que verdaderamente pueden denominarse comisiones, distinguiéndolas en este sentido de la Comisión del Pleno de la Cámara que, en rigor, es la Cámara misma. Pero la aplicación de este expediente, puesta en vigor en los casos de aquellas medidas legislativas que necesitan más tiempo, halla gran oposición. Las proposiciones que se hacen para realizar estas transferencias de trabajo a otros cuerpos oficiales que no sean el propio Parlamento de Westminster, plantean discusiones demasiado graves y complicadas para ser estudiadas aquí.

CAPÍTULO VI

ORGANIZACIÓN DE LA CÁMARA

Como elementos principales de la organización parlamentaria, podemos estudiar dos puntos distintos. Uno es la presidencia de la Cámara y la constitución de sus comisiones. El otro, los arreglos e inteligencias que regulan las relaciones de la Cámara con el poder ejecutivo, y las relaciones que tienen entre sí los partidos políticos y grupos representados en ella.

En los primeros tiempos de la Cámara de los Comunes, cuando sus funciones se limitaban esencialmente a presentar en ella peticiones, solo precisaba un orador, y bastantes miembros de la Cámara podían haber sido elegidos para este cargo. La lista de los Presidentes comenzó con sir Thomas Hungerford, que ocupó este cargo en el último Parlamento de Eduardo III, pero probablemente debió de haber otros antes que él, investidos de funciones similares. Al comenzar cada etapa parlamentaria, uno de los miembros de la Cámara de los Comunes es elegido Presidente, y este cargo a menos que termine por dimisión o fallecimiento, subsiste durante todo el transcurso del Parlamento. La Cámara hace designación sujeta a la aprobación del Rey, pero esta nunca fue negada desde que Carlos II puso reparos al nombramiento de sir Edward Seymour en 1679. En los primeros tiempos del Parlamento, la voz real en los nombramientos de los presidentes de la Cámara fue algo eficiente; el Presidente era considerado como una representación del Rey y un vínculo entre este y la Cámara; en el siglo XVII el conflicto entre sus deberes para con el Rey y sus deberes para con la Cámara, le creaba, a veces, situaciones difíciles. La emancipación del Presidente de la Cámara del dominio del Rey, su independencia respecto de las conexiones de partido, durante la duración de su cargo y la evolución desarrollada hasta llegar al Presidente imparcial revestido de grandes facultades con un espíritu imparcial y justo, ha sido descrito admirablemente por Mr. Porritt en su obra *La Cámara de los Comunes antes de la Reforma.*

El Presidente de la Cámara actual es elegido, en ciertas ocasiones, la primera vez que ejerce el cargo, por medio de la votación de partido; pero es independiente de este; el desarrollo de su cargo no está sujeto a ningún cambio de Ministerio y si desea continuar sus servicios en un nuevo Parlamento, la costumbre es que sea reelegido, cualquiera que fuera el partido que se halle en el poder.

El Presidente de la Cámara es el representante y portavoz de esta en su manifestación colectiva; preside sus reuniones y aclara e interpreta sus leyes; no tiene facultades para hacer o alterar estas leyes; es simplemente su intérprete. Pero cuando los precedentes, las reglas y los procedimientos de la Cámara son guías insuficientes o inciertas, es su misión estudiar el camino más justo a seguir, de acuerdo con los usos, tradiciones y dignidad de la Cámara, y con los derechos e intereses de sus miembros; sus consejos sobre este particular son seguidos generalmente, siendo discutidas sus decisiones muy raras veces. Sin duda alguna, depende mucho esto del carácter personal del Presidente, de su experiencia, prontitud de resoluciones, tacto y conocimiento de los procedimientos y costumbres de los parlamentarios, pero las deferencias que se tienen con el que ocupa la silla presidencial han sido durante muchas generaciones temas de comentarios de admiración por parte de los observadores extranjeros.

El símbolo del cargo oficial del Presidente es la maza que lleva consigo cuando entra y sale de la Cámara con carácter oficial, permaneciendo sobre la mesa mientras ocupa su sillón presidencial. Tiene residencia oficial en el palacio de Westminster y honorarios pagados por el Estado, que, al igual que ocurre con los jueces, no se abonan de los presupuestos de gastos aprobados en el Parlamento, sino que se cargan al Fondo Consolidado, no pudiendo ser discutidos, cuando se desarrolla el debate sobre los presupuestos.

Además del Presidente, hay dos miembros más de la Cámara de los Comunes que reciben sueldos de la misma. Son estos el Presidente y el Vicepresidente de la comisión de arbitrios; ordinariamente ocupan el sillón presidencial en las reuniones del Pleno de la Cámara y cada uno de ellos puede actuar en representación del Presidente durante sus ausencias temporales. Son nombrados por la Cámara al comenzar cada Parlamento, durando en su cargo lo que este dure. El Presidente de la comisión de arbitrios tiene determinados deberes a cumplir con respecto a los proyectos de ley privados.

La Cámara de los Comunes posee su organización burocrática propia en conexión con el cuerpo de empleados oficiales de los departamentos o Ministerios del Gobierno ejecutivo, que constituye la burocracia civil del Estado. A la cabeza de los actuarios se halla el Secretario de la Cámara, cargo que data del siglo XIV. Es nombrado por el Rey a propuesta de su Primer Ministro, pudiendo desempeñar el cargo toda la vida. El y los dos actuarios auxiliares son los oficiales de la Cámara que se sientan ante la mesa de la misma, vestidos de toga y con peluca, cuando el Presidente se halla en su sillón, siendo conocidos colectivamente bajo la denominación de actuarios de mesa. Cuando el Presidente abandona la Presidencia para que haya una reunión del Pleno, el actuario principal abandona también su sitio, que es ocupado por el Presidente de la comisión de arbitrios, o quien le represente. El *Serjeant at Arms* lo nombra el Rey, y desempeña un oficio antiguo en la Cámara, siendo un elemento pintoresco de sus procedimientos. Pero, además de sus funciones de ceremonial, tiene otras obligaciones de responsabilidad que cumplir, y puede considerársele como un representante de la autoridad ejecutiva de la Cámara. Vela por el mantenimiento del orden dentro de los recintos de la Cámara, regula la entrada de personas ajenas a ella y, como conservador de la casa, vigila su servidumbre y arreglo.

La organización directiva de la Cámara de los Lores es algo diferente. El Lord Canciller actúa en las funciones asignadas en la Cámara de los Comunes al Presidente, pero no dispone de las mismas facultades para mantener el orden y dirigir el desarrollo de los debates; hay un Lord Presidente de comisiones, que dirige, además, las reuniones del Pleno de la Cámara constituida en comisión, y ejerce una considerable influencia sobre la legislación de proyectos de ley privada. El actuario principal es el jefe de un cuerpo de actuarios permanentes, manifiesta el asentimiento del Rey a la labor legislativa y certifica de su puño y letra la exactitud de las actas aprobadas. El ujier mayor, que lleva un pequeño bastón de mando negro y que tiene a sus órdenes otro ujier de menor categoría, cumple la misión de convocar a los Comunes cuando su presencia es necesaria en la Cámara de los Lores y ejerce otras determinadas funciones, en su mayor parte de ceremonial.

La Cámara de los Comunes delega al estudio de comisiones menos trabajo que muchos otros Parlamentos de otros países, ya que, como hemos explicado anteriormente, las «comisiones del Pleno de la Cámara» no son realmente comisiones en la acepción justa de la palabra. Pero una buena parte del trabajo se realiza por muchas comisiones propiamente dichas. Entre estas se hallan las comisiones permanentes de proyectos de ley pública, de las que hemos hablado en un capítulo anterior; las nombradas especialmente para el estudio de proyectos de ley pública o de otros asuntos, y las pequeñas comisiones para proyectos de legislación privada. Del mismo modo existen también las comisiones que la Cámara designa cada sesión para el estudio de determinadas cuestiones, tales como la de cuentas públicas, la de selección, que tiene la misión de señalar los miembros de otras muchas comisiones y hace arreglos para la distribución de otros trabajos; la de legislación local, que ejerce las funciones ya explicadas en el capítulo anterior sobre la legislación de proyectos privados, y la comisión del ambigú, cuyas funciones no requieren explicación alguna.

Estas comisiones se reúnen, generalmente, por las mañanas, durante las horas en que la Cámara no se halla en sesión, y la asistencia a ellas exige mucho tiempo y trabajo a los parlamentarios que las forman. La labor que realizan, y especialmente la desarrollada por sus presidentes, es de gran importancia, y se aprecia en la Cámara justamente, aunque no trasciende mucho su trabajo a la opinión pública, no existiendo en el Parlamento miembro más útil que un Presidente de comisión competente, dotado de tacto y de buen carácter.

El otro aspecto de la organización de la Cámara es de mayor interés. ¿Qué es lo que hace de la Cámara un organismo vivo, en lugar de ser simplemente un conglomerado de personas? ¿Qué establece la debida disciplina entre los parlamentarios, y regula y coordina su trabajo cotidiano? La respuesta a esta pregunta puede ser hallada en el estudio del sistema político de Gabinete y de partido, dos concepciones característicamente inglesas que, aunque existentes en otros países, deben su origen a haber sido trasplantadas de Inglaterra, y que, según el punto de vista inglés, son inseparables la una de la otra. Las etapas recorridas por estos dos sistemas en Inglaterra hasta llegar a su forma actual, han sido descritas en muchos estudios políticos admirables, no siendo aquí posible hacer otra cosa que esbozar sus fundamentos esenciales. Las grandes luchas del siglo XVII entre el Rey y el Parlamento, se resolvieron en un compromiso, en virtud del cual la autoridad ejecutiva quedaba en manos del Rey, pero había de ser ejercida por medio de sus ministros, que tenían que sentarse en el Parlamento y depender, por su situación, del apoyo del partido dominante en la Cámara que aprueba los subsidios o gastos del Estado, sin los cuales ningún Gobierno puede vivir. La autoridad ejecutiva, el poder de gobernar a la nación, fue establecido de hecho por delegación, y se fijó el principio de que los delegados fueran miembros de la corporación legislativa ante la que son responsables. Al proceso que realizó este cambio se le ha denominado «revolución silenciosa», siendo imposible hallar su origen en ninguna ley del Parlamento. Se ha intentado afirmar que se inició bajo Guillermo III, entre los años de 1693 y 1696, pero su desarrollo abarca un largo período de tiempo. En las etapas primeras de esta evolución se hicieron ensayos, tales como la exclusión del seno del Parlamento de quienes ejercen cargos oficiales, tentativas que, de haber obtenido buenos resultados, hubieran dado como consecuencia el establecimiento de un sistema enteramente diferente, más parecido al que se creó después en los Estados Unidos del Norte de América. El proceso viose acelerado a causa de que, durante cerca de medio siglo, ocuparon el trono reyes extranjeros de origen, y extranjeros también por sus costumbres, su modo de pensar, sus intereses y su idioma, los cuales se vieron obligados a gobernar por medio de ministros, pertenecientes a las grandes familias inglesas, y representantes de ellas, que los convertían en instrumentos de sus deseos. Jorge III, que había nacido y se había educado en Inglaterra, teniendo por maestro a un escocés, no gobernó con semejantes desventajas, y consiguió restablecer durante varios años, por medios indirectos, un sistema de gobierno basado personalmente en el Rey. Pero las riendas del gobierno cayeron de sus manos mucho antes de terminar su vida, y no fueron recogidas por sus sucesores. El Rey, como individuo, ha sido relegado a segundo término en las actividades del poder ejecutivo. Queda su cargo como símbolo poderoso de su dignidad, autoridad y continuidad en su ejercicio. Desde el punto de vista personal dispone de medios para ejercer enorme influencia, dando consejos prudentes y expertos; pero no es responsable de los actos o yerros de sus ministros. Si pretendiera poner su autoridad personal en primera línea, haría salirse de quicio el mecanismo parlamentario. Walter Bagehot hizo una justa descripción de lo que, actualmente, se conoce con el nombre de sistema de Gabinete, en tiempos de lord Palmerston, y las líneas generales de su descripción reflejan todavía la realidad actual. Este sistema no fue establecido por legislación, sino por medio de inteligencias y convenciones que se hallan sujetas siempre a modificaciones posibles, ofreciendo diferentes aspectos desde distintos puntos de vista. La reina Victoria fue una soberana admirablemente constitucional, pero es muy dudoso creer que hubiese aceptado las teorías de Bagehot sobre la Constitución.

Los fundamentos esenciales del sistema de gobiernos de Gabinete, aquellos que lo distinguen del sistema presidencial de los Estados Unidos y de lo que se denominaba monarquía constitucional en Alemania y Austria, radican en el hecho de que los principales ministros del Rey, los hombres responsables del gobierno de la nación, deben ser miembros del Parlamento y han de renunciar a sus cargos si no disponen de la confianza del partido predominante en la Cámara de los Comunes; son el lazo entre el poder ejecutivo y el poder legislativo. Por una parte, son ministros del Rey, que ejercen sus facultades en nombre de este, y son ellos, y no ninguno de los dos cuerpos colegisladores, ni comisiones de ninguna de las Cámaras, los que gobiernan al país. Por otra parte, son a la vez miembros del Parlamento, sujetos en cualquier momento, mientras duran las reuniones parlamentarias, a ser interpelados, sobre su gestión, por la propia Cámara de la que forman parte, dependiendo, en el ejercicio de su cargo, del Rey desde un punto de vista técnico, pero de la Cámara de los Comunes, desde un punto de vista práctico. Los ministros constituyen el Gabinete, entidad política formada por unas veinte personas, que tienen como jefe a un Primer Ministro (Presidente del Consejo). Ha habido quien ha descrito el Gabinete como una comisión, pero si hubiéramos de aceptar esta definición sería, ciertamente, una comisión anormal y poco corriente. No es, en realidad, una comisión de ninguno de los cuerpos colegisladores, ni una comisión formada por elementos de, las dos Cámaras, ya que no es nombrada por ellas ni informa a las mismas sobre sus trabajos. Los miembros del Gabinete deben ser miembros del Consejo Privado y desde este punto de vista el Gabinete podría ser considerado como una comisión de consejeros privados; pero tampoco es una comisión del Consejo Privado, ya que no es nombrada por este, ni ha de presentar sus informes a esta corporación. En fin, el Gabinete no informa a nadie de sus deliberaciones ni procedimientos. Sus reuniones son privadas, y se realizan usualmente en la Dowing Street, pero a menudo también en otros sitios, como por ejemplo, en la habitación que el Presidente posee en la Cámara de los Comunes. El Gabinete tiene un secretario (nombrado por vez primera en octubre de 1919), que archiva sus actas, si bien las considera como asuntos secretos. El Primer Ministro, que es el Presidente del Gabinete, es nombrado por el Rey, pero esta elección regia está limitada, en la práctica, a un número reducido de personas. El elegido debe estar capacitado para desarrollar la política del partido a que pertenece, siendo la opinión pública, generalmente, la que lo designa. Los otros miembros del Gabinete son ministros del Rey, nombrados también por él, y dependiendo de él también, técnicamente, su dimisión; pero en la práctica los elige el Primer Ministro, quien tiene cuidado de escoger personas capaces de obtener la confianza de su partido y desenvolver eficazmente en el Parlamento los negocios del Gobierno.

Cuando un miembro del Gabinete, o un ministro que no se halla en el Gabinete, se encuentra incapacitado para conciliar sus opiniones políticas, o algún asunto de vital interés, con el criterio de su Presidente, presenta la dimisión; también ha ocurrido que algunos ministros cuya conducta o actuación ha incurrido en la desaprobación del Parlamento, se han visto obligados a dimitir. Los documentos políticos de Melbourne han puesto en claro que la retirada del Ministerio Melbourne del año 1834 no fue un caso de dimisión producida por la influencia del poder real.

Lo que se llama solidaridad del Gabinete, por medio de la cual establecen los ministros una responsabilidad mancomunada en los actos y yerros de cada uno de los miembros que forman el Gabinete y en la especial responsabilidad que tiene el Presidente, como director de los actos de los otros ministros y hasta de sus palabras, es un principio que se ha desarrollado por un proceso lento, cuya aplicación es todavía motivo de duda y controversia. Mucho depende, en lo referente a este principio, del carácter personal, de la época y de las circunstancias. Han existido épocas en que una personalidad sobresaliente, como la de Peel, dominó y dirigió la Administración en todos sus ramos. En otros tiempos, las riendas del Gobierno, manejadas por su Presidente, han actuado con mayor laxitud, y la labor gubernamental hubo de fragmentarse, de un modo casi hermético, en distintos departamentos. Del mismo modo surgieron, a veces, cuestiones que tuvieron que tratarse en la Cámara, porque los miembros del Gabinete no pudieron llegar a una inteligencia respecto de ellas. Por otra parte, el límite hasta dónde puede llegar un miembro del Gabinete a sacrificar sus convicciones personales, en interés público, a las de su jefe o colegas, es una cuestión de conciencia. Si la diferencia de criterio es muy profunda, el Gabinete puede separar algunos de sus miembros, como ocurrió en 1867 y otra vez en 1903. Pero, hablando en términos generales, se considera un deber en los Ministros y afines del Gobierno que se hallan fuera del Gabinete, presentar un frente único con el fin de desenvolver los asuntos importantes que son presentados al Parlamento.

El Ministerio, o sea el Gabinete, debe gobernar. Pero ¿cómo puede dominar a la corporación legislativa de cuyo apoyo depende su existencia? ¿Cómo evitar que la Cámara de los Comunes se convierta en una turba desorganizada, irresponsable y sin posible dirección? La respuesta inglesa dice que el procedimiento reside en el mecanismo de partido. Ese mecanismo de partido es lo que asegura la necesaria disciplina. El sistema de Gabinete presupone el sistema de partidos políticos, y, de un modo más concreto, el sistema de los dos partidos políticos. No quiere decir esto que no puedan existir en la Legislatura miembros independientes, ni que no pueda haber en la Cámara más que dos partidos. Lo que significa es que deben existir dos partidos principales; el uno representado por el «banco» de Hacienda donde se sientan los ministros, y el otro el de la oposición, situado enfrente. El «banco» que representa al partido gobernante debe hallarse en condiciones de dirigir, con o sin ayuda de sus aliados, la mayoría de la Cámara de los Comunes. Este sistema implica también, para la eficacia de sus trabajos, la intervención de una oposición responsable y con experiencia, formada por un grupo de parlamentarios cuyos directores han ocupado cargos públicos anteriormente, y pueden volver a ocuparlos en lo futuro. La frase «la oposición de Su Majestad», inventada por John Cam Hobhouse (Lord Brouhton) en los comienzos de la última centuria, expresa una colectividad de hombres públicos, que pueden, si la balanza de las fuerzas de partido vacila, constituirse, o ser solicitados para constituirse, en nuevos ministros de la Corona.

En el siglo XVIII y más tarde, la influencia que ejercía el partido dominante y que aseguraba las votaciones tomó el aspecto grosero y materialista del soborno y el ofrecimiento de empleos. Los métodos han cambiado, pero aún se observan algunos vestigios de ellos. Se dice que un extranjero inteligente, deseoso de hacer un estudio sobre la forma de actuar el sistema parlamentario inglés, preguntó recientemente a un ministro cuál era la designación oficial de la persona que se le había señalado como jefe de los agentes políticos del Gobierno. «El Secretario gerente del Tesoro» fue la respuesta. «¡Ah! —dijo con una sonrisa sagaz el extranjero— ya comprendo, no necesita usted decirme más». Desde luego había interpretado mal la respuesta; pero los extranjeros son propicios a esta clase de interpretaciones equívocas.

¿Qué significa la palabra *whip*[1], en el lenguaje parlamentario, y cuál es su origen? La metáfora proviene del léxico de caza, y su aplicación parlamentaria procede de la época de Burke. En mayo de 1769 hubo un gran debate en la Cámara de los Comunes, por solicitarse que entrase a formar parte del Parlamento el Coronel Lutrell en lugar de Alderman Wilkes, que había sido separado de la Cámara por acuerdo de la misma. Los ministros del Rey hicieron los mayores esfuerzos para que asistieran a este debate todos los parlamentarios amigos. Burke, que tomó parte en la discusión, se refería a estos esfuerzos describiendo cómo los ministros enviaron en busca de sus amigos al Norte y a París, atrapándoles casi a lazo; ninguna frase podía, mejor que esta, expresar el sentido deseado. La frase lanzada por Burke fue recogida por la fantasía pública y se hizo pronto popular. En el Registro anual de 1772 se menciona un agente político imaginario del que se dice que «fue primer muñidor electoral del Presidente del Consejo y después llegó a ser él mismo Presidente».

[1] Lazo provisto de un mango.

Estos agentes son utilizados por el Gobierno para desenvolver una parte del mecanismo de los negocios de la Cámara. Son los ojos y los oídos de su jefe político. Su misión es tantear y estudiar la orientación de la opinión pública, escuchar y recoger los rumores de descontento y sugerir métodos para amortiguarlos o remediarlos.

Estos agentes políticos reciben sueldos oficiales, ostentan títulos de cargos también oficiales, que no revelan la verdadera índole de su trabajo, y tienen por jefe a uno de los secretarios de la Tesorería; otros son funcionarios subalternos de la misma, y algunos de ellos desempeñan un cargo en el servicio doméstico del Rey. Tienen una oficina en Downing Street, además de sus departamentos oficiales en la Cámara de los Comunes, y han de cumplir importantes obligaciones concernientes a los negocios de esta. Hacen cálculos sobre la capacidad de trabajo probable en la sesión o en una parte de ella, y estiman el tiempo que cada asunto puede ocupar, así como el que puede ahorrarse en cada uno de ellos. El jefe de estos agentes políticos organiza, de acuerdo con las instrucciones del Presidente del Consejo, el orden de los asuntos del Gobierno para cada reunión de la Cámara de los Comunes, y vela porque sean entregados a la mesa de la Cámara los necesarios avisos. Se informa, poniéndose en comunicación con sus colegas, los agentes políticos de los otros partidos, de qué clase de oposición han de encontrar en el Parlamento los distintos asuntos que se han de tratar, y qué extremos de estos es de esperar que hallen la precisa oportunidad para ser estudiados antes del fin de la reunión. Igualmente averiguan qué días son los más convenientes para proceder a la votación de determinados subsidios, y cómo deben constituirse las diferentes comisiones nombradas por la Cámara, de forma tal que las diversas secciones e intereses obtengan la debida representación. Estos son los arreglos a que se refieren los parlamentarios de uno de los dos «bancos» que simbolizan los partidos predominantes, cuando hablan de comunicaciones que siguen la tramitación normal. Por medio de tales arreglos e inteligencias, que desenvuelven los técnicos políticos del Gobierno, se desarrolla una gran parte del trabajo de la Cámara, siendo imposible hacerlo de otra manera.

Estos agentes políticos no gozan, cuando pertenecen a otros partidos que no gobiernan, de las prebendas oficiales de cargos y retribuciones. Existían, hasta hace poco, dos de estos partidos en la Cámara, cada uno de los cuales mantenía sus agentes por propia cuenta: el formado por la oposición normal, cuyos directores políticos se sientan en el «banco» de oposición, y el partido liberal.

Durante la sesión, los agentes políticos de las diferentes tendencias circulan avisos advirtiendo a los parlamentarios de su partido cuándo se espera que habrá votaciones de importancia, comunicándoles a qué hora se realizará probablemente la votación y expresando la esperanza de que se hallarán presentes en el citado momento. Cuando un parlamentario desea separarse de su partido, lo hace expresando la voluntad de no recibir tales instrucciones de manos de sus agentes. Puede, desde luego, si así lo desea, declararse independiente del partido, negándose a recibir los citados avisos. Al realizar esto, algunas veces aumenta la posibilidad de que se escuche un discurso suyo en la Cámara, pero generalmente pone en peligro su cargo de diputado.

Este mecanismo de partido hace más fácil a los parlamentarios el cumplimiento de sus deberes. No es de esperar que pueda permanecer el parlamentario largo tiempo en la propia Cámara; generalmente tiene trabajo sobrado en los departamentos de las comisiones, en la biblioteca, en el salón de fumar, en la terraza o en otra cualquiera parte. Pero cuando escucha el timbre que anuncia las votaciones, corre a la Cámara y es informado por el agente político de su partido si debe decir «sí» o «no». Cuando la votación se efectúa agrupando a los votantes por partidos, el agente actúa como interventor de escrutinio. Si no ocurre así, los parlamentarios obran de acuerdo con las instrucciones recibidas y, en ciertas ocasiones, sus agentes políticos les informan que pueden votar libremente, desligados de los compromisos de partido. No son raros los casos en que los diputados pueden votar libremente, existiendo un buen número de ocasiones en que acontece así, aunque es dudoso que las cuestiones a votar en tales casos sean realmente de interés público. Nunca ofrece la Cámara tanto interés como cuando sus miembros se hallan en libertad para votar de acuerdo con su conciencia y sus convicciones, aunque, del mismo modo, nunca se encuentra tan embrollada. Cada parlamentario tiene que pensar y decidir por sí mismo, lo que es siempre complicado. No es que cada diputado deba convertirse en la pieza de una maquinaria; lejos de ello, lo que ocurre es que el número de asuntos que un miembro del Parlamento tiene capacidad para discernir por sí mismo, ha de ser, forzosamente, limitado. Y solamente por medio del mecanismo descrito puede el parlamentario conciliar su independencia de ser racional con la eficacia de un cuerpo disciplinado y organizado. La disciplina de partido no se mantiene solamente, ni esencialmente, por medio de los agentes políticos de que hemos hablado. La presión de la opinión pública y, especialmente, la de los electores suele ser adversa por muchos sentidos a aquellos que son negligentes.

En 1836 se publicaron por primera vez, con regularidad, las listas de votaciones, y su publicación suscitó en algunos parlamentarios chapados a la antigua, una protesta contra lo que ellos creían una imposición de trabas en el ejercicio de su independencia. Actualmente, las listas de votaciones son celosamente recontadas y cuidadosamente analizadas, y el miembro negligente en participar en las mismas o remiso en el cumplimiento de sus obligaciones corre el riesgo de ser llamado severamente al orden por sus electores.

CAPÍTULO VII

EL PARLAMENTARIO Y SUS ELECTORES

¿Cuáles son los deberes del parlamentario? ¿Cuáles son las obligaciones contraídas con el distrito que le eligió como su representante y con el partido político de que forma parte? ¿Qué índole de trabajo espera hacer, y qué clase de vida ha de desarrollar? Trataremos de responder a estas preguntas refiriéndonos, primeramente, a algunos principios generales, y dando, además, una explicación completa del asunto.

En noviembre de 1774, Edmundo Burke recibió una precipitada comunicación para ocupar uno de los dos puestos vacantes de representación parlamentaria de Bristol.

Era extraño a la ciudad; pero su colega, persona de excelente carácter y conocido en Bristol, hizo público su deseo de sujetarse siempre a las instrucciones que recibiera de sus electores. Burke salió triunfante, y al dirigirse, más tarde, al cuerpo electoral aludió a los tópicos corrientes en tales casos. He aquí lo que dijo:

«Señores: es ciertamente la mayor felicidad y gloria de un representante en Cortes, vivir en la más estricta unión, en la más íntima correspondencia y en la más franca comunicación con sus electores. Sus deseos deben pesar sobre él de un modo poderoso, su opinión ha de ser respetada, sus asuntos atendidos sin dilación; tiene el deber de sacrificar su reposo, sus placeres, sus satisfacciones, y, especialmente, preferir en todos los casos los intereses de aquéllos a los propios. Pero su opinión imparcial, su meditado juicio, su conciencia inspirada no deben sacrificarse ni a vosotros ni a hombre alguno. No se basan ni derivan de vuestro deseo ni de la Ley, ni de la Constitución. Existe un don inspirado por la Providencia, de cuyo abuso somos profundamente responsables. Vuestro representante en Cortes se debe a vosotros, no solo en sus acciones sino en sus opiniones; pero os traicionaría, en lugar de serviros, si las sacrificara a las vuestras.

«Mi digno colega dice que su voluntad debe supeditarse a la vuestra. La afirmación hecha de este modo es algo inocente. Si el Gobierno fuera una cuestión de voluntad que dependiera de mí, la vuestra, sin duda alguna, habría de ser superior, pero el gobierno y la legislación son temas en que actúa la razón y el juicio y no cuestiones de deseo; y ¿qué clase de razón es esta en la que la determinación precede a la discusión; en la que un grupo de hombres delibera y otro decide, y en la que aquellos que han formulado las conclusiones se hallan, acaso, a trescientas millas de distancia de los que escuchan los argumentos?

«Discutir sobre una opinión es un derecho que asiste a todos los hombres; la de los electores es una opinión respetable y el representante en Cortes debe escucharla siempre con interés y estudiarla con la mayor atención. Pero las instrucciones autoritarias, aquellos mandatos formulados para que el parlamentario obedezca ciegamente y vote y defienda, aunque sean contrarios a las más claras convicciones de su entendimiento y conciencia, representan cosas que están en desacuerdo con las leyes del país y que nacen de un error fundamental de las esencias y modalidades de nuestra Constitución. El Parlamento no es una reunión de embajadores que defiendan intereses diversos y hostiles, que deben ser defendidos como lo hace un agente o un abogado enfrente de otros agentes y otros abogados. El Parlamento es la asamblea deliberante de una nación con un interés: el de la colectividad; donde no sirven de norma los propósitos locales, ni los prejuicios locales, sino el bien general, resultante de la razón general del conjunto. Elegís un representante en Cortes, ciertamente; pero cuando lo habéis elegido, ya no es un miembro parlamentario de Bristol, sino un miembro del Parlamento.»

Este fragmento se ha hecho clásico. Los principales extremos tratados por Burke no eran nuevos, ya que habían sido enunciados previamente por Blackstone y otros, aunque nunca fueron expresados con tanta fuerza y elocuencia. A pesar de las diferencias existentes entre el siglo XVIII y el siglo XX, diferencias enormes tanto en el carácter de las elecciones como en la situación de los miembros parlamentarios elegidos, estos principios serían entonces suscritos por la mayor parte de los miembros del Parlamento, con tanta firmeza como en nuestros días. El parlamentario es elegido por el distrito electoral y tiene, desde luego, deberes que cumplir con él; pero no es meramente un delegado que actúa gramofónicamente; es miembro de un cuerpo legislador responsable de los intereses de conjunto del país, y, aunque influido por los deseos y puntos de vista de sus electores y por la acción de su partido, no renuncia a su derecho de pensar libremente.

En los primeros tiempos de la historia parlamentaria, los vínculos que sujetaban el miembro del Parlamento a sus electores eran mucho más fuertes que en la actualidad. Existían razones poderosas para que ocurriera así. El trabajo de la Cámara de los Comunes era menos importante: las funciones de los Comunes eran, principalmente, formular peticiones para solicitar la rectificación de agravios y la aprobación de tributos; todavía no eran responsables de la administración de la nación. Los Parlamentos eran cortos. Los miembros tenían que residir en sus distritos parlamentarios. Recibían de sus electores dietas para gastos. Corporaciones y comunidades subvencionaban a los agentes y delegados, y no es de extrañar que en 1339, cuando el Rey solicitó a los Comunes una ayuda financiera, replicaran estos que no podían hacerlo sin consultar a la totalidad de los Comunes de la nación, por cuya causa deseaban que fuera convocado un nuevo Parlamento. En el siglo XV parece que existía la costumbre de que los representantes parlamentarios se dirigieran a sus electores para darles una relación de su actuación a la vez que les presentaban la cuenta de gastos de estancia y viajes; es decir, existen precedentes antiguos de este cambio de impresiones informativas que los miembros parlamentarios del siglo XX acostumbran a tener periódicamente con sus electores.

Escribía Prynne, en una época en que las dietas de gastos pagadas a los miembros del Parlamento eran irregulares todavía, que «las dietas establecían una confianza, correspondencia y dependencia mayores entre los caballeros, ciudadanos y burgueses, y aquellos a quienes elegían, sufragando sus gastos, que cuando no eran abonadas las dietas señaladas por la ley, dando a los electores, que habían de abonarlas, la facultad de no pagarlas al ser presentadas al cobro o retenerlas en caso de abuso, negligencia o innecesaria dilación en las sesiones». La última persona que se sabe recibió con regularidad estas dietas, como miembro del Parlamento, fue el poeta Andrew Marvell. Representó a Hull durante los primeros dieciocho años del reinado de Carlos II, y fue nombrado, no por el pueblo de Hull, sino por el alcalde y regidores, y justificaba elocuentemente sus gastos enviando, con regularidad, casi hasta el día de su muerte, cartas a su buen amigo el alcalde de Hull, informándole de lo acontecido en el Parlamento y de los asuntos de Londres en general. Hacía la clase de trabajo que, actualmente, efectúan los corresponsales de periódicos de provincias que residen en Londres. En una de sus cartas pide instrucciones respecto al modo de actuar. «Deseo que estudie usted, ahora que es tiempo, si hay que hacer alguna cosa referente al estado de su ciudad o de su comarca o algún asunto de mayor interés público sobre el que crea usted conveniente informarme, dándome sus instrucciones, que estudiaré cuidadosamente.»

En el siglo XVIII eran corrientes esta clase de instrucciones, y muchos de los distritos electorales ingleses las enviaron a sus representantes, cuando Walpole presentó su impopular proyecto de ley sobre impuestos de utilidades en el año 1733, con el fin de que se opusieran a él. Cuando estas instrucciones implicaban una función desagradable a la Corona, eran contrarrestadas con las que se denominaban «instrucciones leales», y los gastos que estas representaban los abonaban el Rey o sus ministros. El discurso de Burke, pronunciado en el año 1774, parece que fue el que hizo pasar de moda la costumbre de tales instrucciones parlamentarias.

Luego del gran cambio que efectuó la Ley de Reforma de 1832, las instrucciones precisas solicitadas y recibidas semejantes a las de Marvell, no se pudieron volver a poner en práctica. Desde esta fecha los miembros parlamentarios dejaron de ser agentes de directores políticos individuales, o de un pequeño grupo de personas, tal como un alcalde y una docena de regidores, y se constituyeron en representantes de un cuerpo electoral más amplio y más popular, cuyos puntos de vista y deseos debían ser considerados y formulados de modo distinto.

La Ley de reforma electoral de 1885, basada en el principio de dividir la nación en distritos electorales aproximadamente uniformes, debilitó, si no llegó a destruir, el viejo carácter corporativo de las elecciones, fortaleciendo la idea de que el parlamentario representa a la colectividad de la nación y que solamente por conveniencia de la técnica de las elecciones la nación se divide en distritos electorales.

La tendencia moderna es efectuar las campañas electorales sin basarlas en cuestiones o intereses locales, sino en temas que agiten a la totalidad del país. El candidato se presenta, usualmente, apoyando al Gobierno que está en el poder, o combatiéndolo, y por lo general actúa como miembro y de acuerdo con la actuación de alguno de los grandes partidos políticos del Parlamento. A menudo sus electores le exigen garantías respecto a determinadas cuestiones, tales como la moderación en las ideas gubernamentales, la posición política con respecto a las «Trade Unions» (Asociaciones obreras), el sufragio femenino, viéndose atado a las promesas que hizo en respuesta de tales demandas. Es de suponer que en el curso de su vida parlamentaria actúe de acuerdo con estas promesas, ocupando su asiento en el Parlamento, más bien que como representante de una localidad determinada, como miembro de un partido político que ha obtenido una mayoría de votos en aquella localidad. El miembro del Parlamento debe fidelidad a su partido y jefes del mismo. A pesar de esto, no es, en modo alguno, un simple delegado o agente, con facultades limitadas, a quien puede retirarse su autoridad. Si después de la elección cambiara de partido, no podría exigírsele la renuncia de su puesto en la Cámara.

Los partidos políticos en Inglaterra no se hallan distanciados por diferencias infranqueables; representan, entre sí, verdaderos matices, y el hombre público elige el partido de que ha de formar parte después de un balance comparativo y de un estudio ideológico. Los cambios de circunstancias, o de la opinión pública, pueden alterar este balance, e inclinarle a estudiar de nuevo su posición ante la política del país. Si en esta revisión llega a la conclusión de que no puede continuar actuando en el partido político a que se halla adscrito, su conducta no es digna de vituperio, sino motivo del más alto orgullo, ya que únicamente por razones muy poderosas se decide un hombre público a romper sus compromisos políticos. Lo que el parlamentario tiene que meditar en este caso es hasta qué punto podrá conservar sólidamente su función pública en lo futuro, de acuerdo con las promesas que hizo a sus electores y sobre cuya base fue elegido.

Cuando un parlamentario se decide a cambiar de posición política en la Cámara y a incorporarse a otra fracción, hace renuncia, algunas veces, de su acta, para someterse a una reelección, con el fin de cerciorarse de sí cuenta, en su nueva actitud, con la aprobación de la mayoría de sus electores. Pero esto no es una obligación, sino, simplemente una cuestión de interpretación personal que debe ventilar por su libre albedrío. Dícese que la organización de partidos del Parlamento se ha hecho más severa en los últimos años; el Presidente Lowell ha dado cifras que tienden a confirmar esta afirmación. Pero en lo referente a la idea vulgar de la tiranía ejercida por los partidos y al despotismo de Gabinetes o de los agentes políticos, hay, hablando con sinceridad, mucho de absurdo y de hipócrita. El diputado no es un muñeco; es un ser viviente, muy humano, influido por la misma clase de pensamientos y moviéndose por las mismas causas que los otros mortales de fuera de la Cámara. Pero reconoce la importancia del orden en la organización política, como ocurre en los otros negocios de la vida; se resigna a subordinar, en muchos puntos, sus preferencias personales y sus opiniones a las de sus jefes, y sabe que debe someterse a una disciplina si quiere ser miembro eficaz de una corporación organizada. Pero nadie mejor que un jefe político conoce qué clase de persuasiones, qué tácticas de conciliación y de acoplamiento hacen falta para conservar la unidad de un partido; que la diversidad de opiniones, dentro de este, ha de ser reconocida, y que, generalmente, la línea divisoria, en esta diversidad de opiniones, no coincide en modo alguno con la misma línea que divide el pensamiento político de los diferentes partidos. Y tanto los jefes políticos como los que les siguen están atentos a las corrientes de la opinión pública que vive fuera del Parlamento, vigilando sus variaciones y fluctuaciones y orientando su acción política de acuerdo con ellas. A veces, el jefe político corre el riesgo de ser excesivamente sensible a las corrientes y gustos de la llamada opinión pública, hábilmente reflejada en artículos periodísticos que actúan como barómetros políticos. Las reglas despóticas y arbitrarias y el exceso de disciplina son bastante incompatibles con la actuación de un miembro del Parlamento. Obra bajo una diversidad de influencias y motivos orientados muchas veces en direcciones distintas. En los vestíbulos, en el salón de fumar, en la terraza, se halla en constante contacto amistoso e intercambio sentimental, no solamente con sus amigos políticos, sino también con los parlamentarios de la oposición; de este modo, tiene muchas oportunidades para meditar sobre sus ideas y para influir también en sus opiniones y actividades políticas. Los agentes políticos que actúan dentro del Parlamento saben distinguir entre el parlamentario inquieto, descontentadizo, independiente, propicio a cambiar de pensamiento, a quien debe vigilarse constantemente, y a menudo calmar sus impaciencias, y el parlamentario seguro, con quien se puede contar en las votaciones dudosas, que no deja oír muchas veces su voz en los debates, pero que ha adquirido reputación por sus juicios sólidos, y cuyas advertencias y consejos merecen siempre respeto. Pero, en cualquier caso, es miembro de una corporación en la que se alternan las ideas, en la que las responsabilidades son diversas y donde existe un intercambio rápido de criterios, imposible de dominar completamente con un procedimiento mecánico.

Durante el transcurso de la sesión, las relaciones inmediatas de un miembro del Parlamento son, principalmente, las que tiene con sus colegas. Pero no es exclusivamente miembro del Parlamento, sino también representante de determinado distrito electoral, y las relaciones que debe tener con este han de ser, hayan votado o no los electores su candidatura, constantes e íntimas, y requieren una atención incesante, tanto durante las sesiones como fuera de ellas, tanto en Westminster, como en cualquiera otra parte. El representante en Cortes puede ser un magnate de provincias, una persona de alta situación social en su comarca; acaso pertenece a una familia cuyo nombre e influencia han sido sólidos en el país durante generaciones; puede ser también un alto empleado de la localidad; se ha podido dar a conocer favorablemente en la acertada administración de empresas locales; ha podido adquirir prestigio entre los trabajadores como secretario u orientador de alguna importante organización sindical, acaso sea un forastero que debe su puesto de diputado a su propia habilidad o reputación, a trabajos de propaganda o de otra índole realizados por sus amigos; puede haberse educado, durante meses y años, en las luchas electorales, invirtiendo mucho tiempo, trabajo y dinero, legítima o ilegítimamente, en este propósito. Pero fuera quien fuera, habrá de darse cuenta al entrar a formar parte de la Cámara, que los deberes contraídos con sus electores han de absorber su actividad y sus energías. Solamente la correspondencia representa una gran inversión de tiempo. Los días de Andrew Marvell, cuando este podía cumplir sus obligaciones de diputado escribiendo semanalmente una carta a su honorable amigo el alcalde de. Hull y sus regidores, hace tiempo que pasaron. Los distritos electorales modernos están formados por multitudes que manejan pródigamente la pluma y esperan que sus solicitudes sean atendidas. El parlamentario de hoy ha de utilizar las mañanas para dictar cartas, y las noches para escribirlas personalmente en la biblioteca y vestíbulos de la Cámara de los Comunes. Sus electores esperan que formule preguntas en la Cámara, referentes a asuntos de interés local, y que comunique, por correo, la respuesta ministerial con todos los comentarios que crea oportunos.

En tiempos de la reina Isabel, la Cámara de los Comunes exigía que los parlamentarios prestaran especial atención a aquellos asuntos que en la actualidad se denominan proyectos de ley locales, y que afectaban a su distrito. «La Cámara no tratará ninguno de estos proyectos, que afectan a una ciudad o condado, sin que los caballeros de tal condado o condados, o los ciudadanos de aquella ciudad o ciudades, se hallen presentes.» El moderno sistema de trabajo de la Cámara se orienta en dirección opuesta, ya que las disposiciones reglamentaria de carácter permanente, exigen que todo miembro de comisión que estudie un proyecto de ley privada, firme una declaración, no solamente garantizando que no tiene ningún interés personal, sino que sus electores no tienen, tampoco, personalmente, interés alguno en el proyecto. La razón de esto es que las comisiones actúan judicialmente, y sus componentes, al igual que los jueces, deben hallarse al margen de toda sospecha de intereses personales o de compromisos. No obstante, cuando un proyecto de ley privada se presenta a la Cámara a ser discutido en sus extremos principales, los miembros del Parlamento tienen facultad para exponer los razonamientos sobre la forma en que su aprobación o desaprobación pueda afectar los intereses o prosperidad del distrito que representan y argüir en pro o en contra. Y si no se trata de un proyecto de ley privada, sino pública, y se propone en él alguna modificación de la ley general, todos los miembros parlamentarios se hallan obligados a estudiar en qué forma afectará lo propuesto a sus electores o a un sector importante de ellos, por cuya prosperidad deben velar, prestando la necesaria atención a cualquiera información que se les facilite sobre el asunto. Estas informaciones se le ofrecen al parlamentario, no solamente por medio de correspondencia, sino por delegaciones y conversaciones personales, y aunque el miembro independiente del Parlamento no se ve tan acosado por la visita de representaciones como un ministro, puede recibir en el curso de un período parlamentario la visita de muchas delegaciones de esta índole, viéndose obligado a tomar parte en diversas conferencias de su personal competencia e interpretar, por medio de estas delegaciones y conferencias, los deseos y opiniones de sus electores, para hacerlas llegar a los ministros que dirigen el gobierno y legislación del país.

Las obligaciones con el distrito que representa no se agotan con que el diputado preste la debida atención a los asuntos legislativos y administrativos. Debe ser cortés y servicial individualmente con los electores y con sus esposas e hijas. Se verá abrumado de solicitudes de invitaciones para asistir a la Cámara, especialmente en los días en que se espera un debate importante y movido. A menudo se le ve acompañando a amigos de ambos sexos, con los que tiene una relación más bien política que social, llevándolos a través de los corredores de la Cámara, entreteniéndoles en la terraza o acompañando a una pléyade numerosa y feliz de jóvenes y señoritas estudiantes.

Tales son las obligaciones que el miembro del Parlamento tiene respecto de sus electores mientras se encuentra en Westminster. Pero también son numerosas y diversas las obligaciones durante el descanso de fin de semana y en aquellos otros intervalos existentes en el cumplimiento de sus trabajos parlamentarios, o durante los largos períodos de vacaciones. Tiene que enviar a sus electores, periódicamente, informaciones dando cuenta de las cuestiones que se suscitan en el Parlamento, justificando su intervención en ellas; ha de asistir a reuniones y actos sociales, caritativos y políticos, en muchos de los cuales tiene que ocupar la presidencia; debe colaborar en el estudio de temas populares o de reformas diversas; ha de asistir a aperturas de actos, jiras campestres de carácter popular y festividades varias de su distrito. En muchos de estos actos es un deber que el representante parlamentario se halle presente. De esta forma, la vida del diputado es de una actividad intensa y multiforme. A menudo se lamenta de la manera de gastar el tiempo en la Cámara de los Comunes. Existen horas llenas de tedio a la espera de una votación importante, mientras oradores sin arte pronuncian discursos fastidiosos; otras veces, el tiempo transcurre en pequeños detalles. Hay horas de ansiedad en que el parlamentario permanece sentado en uno de los bancos verdes de la Cámara, en actitud de expectación, con un fárrago de notas preparadas, en espera de sorprender la mirada del Presidente y de poder pronunciar un discurso cuyos extremos fueron sugeridos por palabras de otros oradores, que, acaso, nunca debieron ser pronunciadas. Pero existen, también, momentos de interés y nerviosidad, instantes verdaderamente históricos, en que el parlamentario se siente partícipe de lo que en ellos se trata. Los parlamentarios que actúan en la Cámara dudan, muchas veces, si aquellos desvelos que para muchos significan perdidas de energías, actividad infructuosa y esperanzas defraudadas, son dignos del sacrificio que envuelven; pero los miembros que han abandonado la Cámara, la suelen recordar, después, con sentimiento y nostalgia.

Sir Jorge Trevelyan, en su *Vida de Macaulay*, describió la parte más ingrata de la vida parlamentaria tal como se presentaba en el año 1853.

«La tediosa y fatigante rutina de la vida política, en la que esperan largas tardes para intervenir en las votaciones; recorrer un par de kilómetros a pie, de un lado para otro, a través de los atestados vestíbulos de la Cámara, cenando en medio del clamor y la confusión, con la perspectiva de una votación de veinte minutos casi antes de haber terminado la cena; llegar a casa a las tres de la mañana, con los hielos y el barro peculiares del mes de febrero; sentarse detrás de los ministros, en el centro de un banco atestado de diputados, durante las semanas estivales más calurosas de Londres.»

Según un observador contemporáneo, esta descripción de la vida parlamentaria de 1853 puede aplicarse con literal justeza a la vida parlamentaria de cuarenta años más tarde. Sir Ricardo Temple relataba en 1893 sus experiencias parlamentarias en los siete años y medio, entre 1885 y el otoño de 1892. Sir Ricardo Temple entró a formar parte del Parlamento ya a una edad avanzada, después de una carrera excepcionalmente brillante en la India. Nunca había participado en los negocios oficiales de Inglaterra, en la misma nación, y su intervención en las actividades políticas había sido muy limitada. Pero durante los últimos años de la pasada centuria, su singular figura fue una de las siluetas más familiares de la Cámara de los Comunes. Cuando no estaba en su puesto de la Cámara o participando con puntualidad en una votación por separado, se le podía ver a menudo acompañando a un grupo de amigos, generalmente señoras, a través de los departamentos del Parlamento y, como lo demuestra en su libro, nunca pudo existir guía más competente, ni miembro alguno de la Cámara demostró mayor celo y asiduidad en sus deberes parlamentarios. Durante seis años tomó parte en 2,072 votaciones, de 2.118 que hubo. «Nunca fui sustituido —dice— a no ser una sola vez, y eso, por una ocupación de Estado que pensé me obligaba a asistir; además, intervenía en todas las votaciones en que podía hallarme presente.» Sus ausencias, poco comunes, fueron motivadas por enfermedad o por su asistencia a la Escuela de Comercio de Londres, de la que era catedrático.

Este laborioso parlamentario fue un escritor fecundo e infatigable, a menudo muy ajustado a la realidad. Durante seis años, o acaso más, llevó un diario parlamentario de cuatro páginas por día, y durante todo este tiempo, según sus propias palabras, «vio y escuchó de cerca todo lo que acontecía dentro de los recintos de la Cámara y mucho de lo que ocurría en sus departamentos», hallando en ellos grandes elementos de información. De este diario sacó los materiales para el libro que publicó en 1893 y que tituló *La vida en el Parlamento.* Ninguna descripción más gráfica se ha escrito sobre la moderna Cámara de los Comunes, sus trabajos, su vida y sus procedimientos, su aspecto como un club social y como lugar en que se desenvuelven los negocios políticos; nosotros nos sentiríamos tentados de citar, muchas veces, cosas de este libro, si no fuera tan fácilmente accesible a cualquiera. Basta que mencionemos los dos ejemplos imaginarios que nos ofrece, para sugerirnos la vida de un miembro diligente y asiduo al Parlamento —como lo fue él— en un día de gran actividad y en otro de trabajo relativamente ligero.

«En un día afortunado, el parlamentario penetra en la Cámara a las tres, y se informa de que se ha presentado algún proyecto de ley privada para el que ha sido requerido a intervenir en el estudio de sus extremos. A las tres y media comienza el período de preguntas, y en ninguna de ellas tiene que intervenir. Aprovecha esta oportunidad para enseñar a alguno de sus electores o sus familias el interior de la Cámara, ya que estos momentos son favorables para hacerlo, porque muchos de los parlamentarios más significados van de un lado para otro y la Cámara comienza a llenarse en espera de las respuestas ministeriales a las interpelaciones.

Después lleva a sus amigos a la fresca terraza, a tomar el té de la tarde. Una vez que los ha dejado allí, vuelve a su puesto de la Cámara. No se ve obligado a tomar parte en el debate, no obstante lo cual, escucha con agradable interés, interviniendo, de vez en cuando, en votaciones de importancia secundaria, hasta la hora de la comida, en que se agrega a una reducida tertulia que uno de sus colegas ha organizado en una habitación de la terraza.

En medio de la comida, el timbre eléctrico le llama para algún asunto que exige su presencia en la Cámara (si actúa su partido).

Después de esta interrupción reanuda su cena y, luego de un breve reposo, vuelve a su puesto en los bancos verdes, hacia las nueve y media, para presenciar el debate. Entre esta hora y medianoche aprovecha una oportunidad para atravesar el corredor que comunica con la Cámara, yendo a escribir algunas cartas a sus amigos políticos. Pero desde el lugar en que escribe puede escuchar todo lo que pasa en la Cámara y permanece con el oído atento en aquella dirección, mientras su mirada permanece fija sobre el papel. A las doce menos cuarto oye llamar; «¡votación! ¡votación!», y corre a agruparse entre los que representan el «sí» o los que representan el «no», según el caso lo exija. Después de medianoche entran en turno los proyectos de ley presentados particularmente por ciertos parlamentarios, entre los que habrá alguno que tendrá que apoyar o combatir, o acaso alguno suyo que defender. A las doce y media se retira a descansar pensando que, después de todo, la Cámara no es un lugar completamente desagradable.

En un día de gran actividad, el parlamentario entra en la Cámara a las once de la mañana y sube las amplias escaleras dirigiéndose a la habitación en que se reúne la comisión de que forma parte, que estudia un proyecto de ley privada referente a alguna empresa industrial. Si fuera el Presidente de la comisión, no podrá retirar la mirada ni la atención del asunto que se está tratando hasta las cuatro de la tarde, sin intervalo alguno, hora de tomar algún refrigerio. Tiene que escuchar atentamente las explicaciones dadas por los técnicos que forman parte de la comisión, las observaciones de los promotores de la empresa y de los que presentan objeciones, la opinión de los expertos, etc., con el fin de documentarse para dar su opinión. Una vez ha cumplido este trabajo del día, pasa a ocupar su puesto en la Cámara, ya próximo a terminarse el período de ruegos y preguntas, para hacer algunas interpelaciones anunciadas con su nombre y escuchar las respuestas que da el Presidente a los ataques de la oposición. Acaso presencia el desarrollo de un debate muy laborioso, impacientándose al ver que son nombrados otros parlamentarios antes que él. Al fin, cuando el reloj señala las ocho, consigue atrapar la mirada del Presidente y suena su nombre en la Cámara, y entonces sobreviene un descanso de media hora. No puede pensar en cenar y se contenta con tomar rápidamente un ligero refrigerio en el café. Debe, desde luego, hallarse en su puesto de la Cámara algunos minutos antes de la hora, con el fin de que la oportunidad esperada tanto tiempo no se escape. A las ocho y media o cerca de esta hora pronuncia su discurso, y después de las nueve su imaginación descansa un poco hasta que llega el momento en que es rebatido su discurso por la oposición. Se levanta una o dos veces para explicar, previa la cortés autorización de la Cámara, lo que entiende ha sido una mala interpretación de sus palabras anteriores, y, con esto, tiene que permanecer alerta hasta que se procede a la votación, poco antes de medianoche. Transcurrida esta hora, se encuentra con que algunos amables parlamentarios han presentado una moción privilegiada para, que no rija la disposición reglamentaria denominada de medianoche, por cuya moción se comienza una discusión que dura hasta la una y media de la madrugada, hora en que se procede a votar y después se levanta la sesión.

«Entonces es cuando, fatigado, puede marchar a su casa en las primeras horas del nuevo día.»

Esta descripción podría aplicarse, con algunas ligeras modificaciones, a la Cámara de los Comunes de nuestros tiempos. Actualmente la Cámara se reúne a las tres menos cuarto y el período de preguntas comienza alrededor de las tres. Antes de 1902, acostumbraban a suspenderse extraoficialmente los negocios para cenar mientras lo hacía el Presidente. En la actualidad, la Cámara no interrumpe sus trabajos, y el Presidente es relevado por su sustituto durante la hora de la cena, pero la concurrencia es muy escasa a esta hora. Los asuntos contenciosos de oposición se suspenden ordinariamente a las once, en lugar de a medianoche, y lo que sir Ricardo Temple denominaba la disposición de medianoche, se llama actualmente de las once. Pero, aparte esta modificación, la descripción de sir Ricardo Temple puede ser hoy utilizada, con propiedad, por los que se interesan en estas investigaciones.

CAPÍTULO VIII

LOS ANALES PARLAMENTARIOS, LA PRENSA Y EL PÚBLICO

La Cámara de los Comunes no posee anales históricos de sus primeros tiempos, a excepción de sus antiguos Diarios manuscritos. Tres de estos volúmenes figuran en la Biblioteca de los parlamentarios. Los otros volúmenes se encuentran en la parte de la Biblioteca destinada al Presidente.

Pero la documentación original, tal como las primitivas convocatorias a Cortes, los archivos y estatutos parlamentarios y actas y antiguos proyectos de ley pueden hallarse, en su mayor parte, en el Archivo o en la Torre de Victoria que está adosada a la Cámara de los Lores. Estos documentos no afectan exclusivamente a la Cámara de los Comunes, sino al Parlamento en su totalidad.

Los registros oficiales sobre procedimientos parlamentarios son, en lo que se refiere al período anterior al final del reinado de Enrique VII, los archivos parlamentarios y en lo que se refiere al período posterior, los Diarios de ambas Cámaras.

El texto de los anales parlamentarios puede leerse en seis volúmenes en folio, impresos según instrucciones dadas por la Cámara de los Lores en 1767 a los cuales volúmenes se agregó un índice en el año 1832.

Las primeras informaciones registradas en estos volúmenes se refieren al Parlamento de 1832 y las últimas al Parlamento de 1503, pero en los comienzos del primer volumen se hallan registrados algunos datos suplementarios referentes al período de 1513 a 1553 y tratan de suplir las deficiencias que, en los Diarios de la Cámara de los Lores, existen en ese período.

En el capítulo primero hemos descrito ya la índole de los procedimientos de los Parlamentos más antiguos y hemos podido ver que los asuntos tratados en ellos eran principalmente las solicitudes hechas para la reparación de agravios por medios legislativos u otros procedimientos. La mayor parte de estos registros de los archivos del Parlamento consisten en tales peticiones, con breves detalles de las respuestas dadas. Del mismo modo hay algunos informes de causas desarrolladas en el Tribunal Supremo del Parlamento, cuando obraba en su capacidad judicial. Se leen también algunas descripciones de las fórmulas oficiales puestas en vigor en la apertura del Parlamento. Durante el período primitivo algunas de las actas más importantes del Parlamento se registraron incidentalmente en estos volúmenes; pero hasta el reinado de Ricardo III las leyes dictadas por el Parlamento no se recopilaron oficialmente. En fechas posteriores fueron desapareciendo gradualmente las peticiones de que hemos hablado en otras ocasiones, y únicamente se registraron las leyes.

Los Diarios de la Cámara de los Lores comienzan en 1509, pero no se hallan completos en la totalidad del reinado de Enrique VIII. En esta época la Cámara de los Comunes no tenía una residencia fija, sino que se reunía precariamente en la capilla de Westminster o en otras partes. Hasta el año 1547 no obtuvo su residencia permanente en la Capilla de San Esteban y esta es la fecha en que comienzan los Diarios oficiales de la Cámara de los Comunes.

Se sabe que, en época más lejana, el Secretario de la Cámara registró en un libro algunos informes parlamentarios, pero estas informaciones se han perdido. Los Diarios de los Comunes que abarcan el período de 1581 a 1603 también se han extraviado. Las series de manuscritos sobre que se basa la edición impresa se hicieron hacia el fin del siglo XVII, y existen razones para creer que los manuscritos originales fueron dispersos o destruidos durante la gran rebelión.

Los primeros Diarios de ambas Cámaras son de carácter experimental y se hallan ilustrados con anotaciones personales que desaparecen al estereotiparse las fórmulas de las actas. John Taylor que llevó el primer Diario de sesiones de la Cámara de los Lores en el reinado de Enrique VIII, nos dice incidentalmente diversas cosas sobre sí mismo y sobre sus opiniones. No era solamente Actuario del Parlamento, sino también Prolocutor de convocatorias. Relata el hecho de que el conde de Wilts le hizo, sin solicitarlo y ante la presencia de cuatro testigos, la promesa de presentarlo a la próxima vacante del distrito de Skyrby, en Lincolnshire.

Describe, en términos de exuberante elocuencia, cómo Mr. Thomas Neville desempeñaba admirablemente su papel presentándose a sí mismo como Presidente de la Cámara, al comunicar que el Rey le daba el título de Caballero. Sus informaciones oficiales están hechas en su mayoría en latín, pero a veces lo hace en el idioma nativo, como cuando redacta un memorándum diciendo que «los Lores comunican a los almacenistas y tratantes de pescado que deben estar en este lugar el próximo martes a las 9 de la mañana».

Dos primeros registros oficiales de los libros de la Cámara de los Comunes son cortos y áridos, no conteniendo más que las etapas sucesivas que atraviesan los distintos proyectos de ley. Después aparecen algunas informaciones narrativas, breves al principio, pero que se van ampliando gradualmente, referentes a las formalidades realizadas al abrir y cerrar la sesión.

Dos datos sobre el curso de una sesión se extienden a algo más que al simple detalle de los proyectos de ley. Cuando los Comunes exhortaban a la reina Isabel a que contrajera matrimonio, se nos dice cómo esta les envió una orden perentoria para que no insistieran en el asunto; también se relata cómo el Presidente de la Cámara da a conocer una disposición de Su Majestad la Reina para que se invirtiera poco tiempo en las mociones y se evitaran las peroraciones extensas. De cuando en cuando aparecen disposiciones semejantes sobre procedimientos parlamentarios. Surgen también cuestiones sobre privilegios y se dedica un extenso espacio a Mr. Arthur Hall y sus «discursos depravados». Parece haber «llevado a la Cámara el espíritu de la embriaguez y hallarse aconsejado por Baco», y tuvo que espiar sus ofensas con la destitución y el encarcelamiento. En el reinado de Jaime I, los registros de los Diarios de la Cámara de los Comunes se hacen copiosos, y son más detalladas las informaciones personales del que los redacta. El Secretario hace constar en el libro de sesiones que en una ocasión en que se discutía un proyecto de ley, voló dentro de la Cámara un mirlo diciendo *malum omen*. En otra ocasión nos da detalles amplios sobre un solemne banquete en la asociación de sastres, a que asistió él, y al que también concurrió el Presidente, regalando para el festín un mazapán que representaba la Cámara de los Comunes reunida en sesión. Hacía lo posible para recoger párrafos de los discursos pronunciados en la Cámara, pero, por lo general, apenas si podía anotar más que un buen caudal de frases bíblicas y del latín, de que la oratoria de aquella época estaba muy bien nutrida.

Esta costumbre de tomar en la mesa notas sobre los debates, aunque debía ser útil para el porvenir histórico, estaba condenaba a ser suprimida. Jacobo I tenía la costumbre, poco correcta, de enviar a recoger los Diarios de los Comunes, para examinar detenidamente su contenido, y se sabe que en cierta ocasión rompió con sus propias manos una página ofensiva. Se hicieron a menudo enérgicas protestas contra la revelación de las intimidades de la Cámara, y con el desenvolvimiento creciente de los negocios de esta pronto hubieron de ser sustituidos por otros anales oficiales.

En 1680, la Cámara de los Comunes tomó la resolución de autorizar la impresión y distribución de minutas entre los miembros; en tales minutas se detallaban las votaciones y los asuntos tratados. Esta costumbre ha sido continuada hasta la fecha por medio de una disposición de la Cámara que se toma a modo de fórmula al comenzar cada sesión.

La cantidad y variedad de las minutas, que se hacen circular entre los parlamentarios detallando las votaciones y otros asuntos tratados, así como el caudal de documentos suministrados a cada miembro de la Cámara de los Comunes diariamente, durante la sesión, ha llegado a ser, en la actualidad, formidable. Se incluyen en ellos un índice de lo que se va a tratar en el día, proyectos de ley, notificaciones de enmiendas y otras cuestiones a estudiar, listas de votaciones y muchos otros asuntos.

Las breves notas que de lo desarrollado en la Cámara toman los actuarios de cada cuerpo colegislador, mientras permanecen sentados ante la mesa, se hacen circular, a la mañana siguiente, impresas y se publican después en los Diarios oficiales de la Cámara. Los informes hechos por cada una de las instituciones parlamentarias, así como los documentos que les fueron presentados, se insertaron, en algunas ocasiones, en los Diarios oficiales desde época muy lejana; en el transcurso del siglo XVII se imprimieron y publicaron, por orden de la Cámara, algunos documentos de esta índole. El número de tal documentación creció en el siglo XVIII, y en el año 1773 se hizo una selección de informes de comisiones que no habían sido impresos en los Diarios oficiales. A los cuatro volúmenes hechos con ellos se les adicionaron siete más en el año 1803, constituyendo en conjunto un total de 15 volúmenes con un índice. Formaron estos anales el núcleo de la vasta colección de documentos parlamentarios conocida comúnmente por el nombre de «libros azules», nombre que ha continuado hasta la fecha actual y cuyos lomos se alinean a lo largo de las bibliotecas y galerías de las dos Cámaras parlamentarias.

Comprenden más de 7,000 volúmenes en folio; la serie correspondiente a 1908 ocupa, por sí sola, 126 volúmenes, y llena un espacio de 25 pies. Estos volúmenes son ordenados, al fin de cada sesión, bajo cuatro rúbricas generales: 1. Proyectos de

Ley pública. 2. Informes de Comités. 3. Informes de Comisiones. 4. Cuentas y documentos. La última de estas clasificaciones recopila los numerosos datos estadísticos e informativos que son presentados al Parlamento, bien como consecuencia de órdenes especiales de la Cámara de los Comunes, o por instrucciones existentes en leyes parlamentarias. Hay índices generales para esta documentación parlamentaria en los períodos que abarcan los años de 1801 a 1852, y 1852 a 1899, los que tienen, además, índices suplementarios anuales y decenales.

Conviene advertir que los documentos incluidos en esta colección son indispensables, no solamente a las personas interesadas en estudios históricos, sino también a los departamentos ejecutivos del Gobierno y a aquellos cuya actividad afecta de un modo principal a los asuntos legislativos y administrativos del Imperio británico.

Las órdenes dadas por la Cámara de los Comunes en el año 1628 y 1640, prohibiendo a sus Secretarios tomar nota de los discursos, establecieron una diferenciación completa entre los anales de los procedimientos parlamentarios y los de sus debates.

Desde 1628, fecha en que termina el primer volumen del Diario de los Comunes, hasta el año 1909, en que comienza la nueva serie de registros oficiales de los debates parlamentarios, dependemos, casi por completo, para el conocimiento de lo que se ha dicho en el Parlamento, de los informes privados y extraoficiales. Durante la parte más antigua de este período, tales informaciones se basaron en notas tomadas clandestinamente y publicadas evadiendo o desafiando las órdenes dadas por el Parlamento. Después, cada Cámara, y especialmente la de los Comunes, fue menos celosa con la actuación de estos informadores parlamentarios tolerando su presencia.

Más adelante, el Parlamento reconoció amplia y francamente la utilidad de publicar informaciones sobre los debates parlamentarios y alentó y facilitó estos trabajos informativos, subvencionando liberalmente una serie de informaciones que, aunque no eran oficiales, fueron autorizadas.

Durante el Parlamento «largo», la Cámara de los Comunes puso toda clase de obstáculos a que se tomaran informaciones de sus debates o forma de actuar. En casos especiales ordenó la impresión de informaciones sobre determinados discursos, pero la impresión de debates parlamentarios, sin la previa autorización de la Cámara, se prohibió de un modo expreso, y, en ciertas ocasiones, castigóse severamente. Esta política prohibitiva continuó hasta la restauración de Carlos II, y algo más tarde, y como consecuencia de ella el conocimiento que tenemos de los debates parlamentarios de ese período es muy escaso y fragmentario. Por ejemplo, de los discursos pronunciados durante los primeros seis años del Parlamento largo de Carlos II, reunido en el año 1661, no existen datos de ninguna clase, excepto algunas escasas referencias dadas en cartas, memorias o de parecida manera. En los últimos años del siglo XVII y en el transcurso del XVIII creció rápidamente y con regularidad la pública demanda para el conocimiento de las informaciones de la vida parlamentaria, y algo se consiguió. Pero el criterio de prohibir las informaciones se mantuvo, entablándose una severa contienda entre el Parlamento y la Prensa. Estas disputas se hallan ampliamente descritas en las páginas de la Historia Constitucional de May, y no es necesario que las repitamos aquí. Los momentos más importantes de esta polémica son los de los años 1738 y 1771.

Antes del año 1738 aparecieron informaciones sobre debates en periódicos tales como el *London Magazine,* el *Gentleman's Magazine,* y el *Scots Magazine.* El nombre de los oradores se señala con iniciales y su publicación se hacía después del fin de la sesión, con el propósito de escapar de la censura del Parlamento. En 1738 hubo una gran discusión en la Cámara de los Comunes sobre la contravención del privilegio parlamentario efectuada por tales publicaciones. La Cámara prohibió la publicidad de debates y otras intimidades del Parlamento, fuera antes o después de hallarse este reunido, y resolvió proceder contra los que contravinieran esta orden del modo más severo. La prohibición no fue eficaz, y continuó la lucha. Las escenas de los debates eran hábilmente disfrazadas por los publicistas bajo alguna descripción imaginaria, como la del Senado del Gran Liliput, y a los oradores se les ponía los nombres de Bruto o Marco Antonio, u otros motes novelescos. Woodgate, y otros conocidos editores de periódicos, sufrieron varias veces la acción de la censura, siendo encarcelados en Newgate o castigados de alguna otra manera, ante la indignación de la Cámara. Se tomaron medidas estrictas para que los extraños fueran excluidos de la Cámara, y estas fueron puestas en práctica de un modo tan severo durante el Parlamento de 1768 a 1774, que se le ha denominado, algunas veces, el «Parlamento hermético». Durante el transcurso de este período parlamentario se desarrolló el gran debate del año 1771, en el que el Coronel Onslow se puso de parte del privilegio de la Cámara de los Comunes, mientras que Alderman Wilkes defendió a los periodistas y con su ingenio consiguió atraerse las simpatías y autoridad de la ciudad de Londres.

¿Cómo conseguían obtener los editores y publicistas de periódicos y revistas las informaciones parlamentarias que, con grandes riesgos, ofrecían al público? Cave, el editor de *Gentleman's Magazine* y Samuel Johnson, su colaborador más famoso, han dado un poco de luz para aclarárnoslo. La publicación de debates en el *Gentleman's Magazine* comenzó en julio de 1732. En 1738, cuando Johnson tenía alrededor de 30 años, obtuvo de Cave un empleo para revisar las notas de información de Guthrie, el jefe de redacción que no era escritor muy diestro. Pronto, en lugar de corregir las informaciones las rehacía materialmente y algunas veces las escribía en Su totalidad. Todas las informaciones parlamentarias de las sesiones correspondientes al período de 25 de noviembre de 1740 a 22 de noviembre de 1743 que aparecieron en el *Gentleman's Magazine,* están hechas por Johnson, y durante esta etapa, si hemos de creer tales informaciones, todos los oradores del Parlamento, sin excepción, pensaban, al levantarse para hablar, en un amplio artículo de fondo de Samuel Johnson. Sus informaciones representaron un verdadero acontecimiento, ampliaron la circulación de la revista, y se tradujeron al francés y a otros idiomas.

Murphy, un antiguo biógrafo del Dr. Johnson, cuenta una curiosa historia sobre estas informaciones, historia que, aunque es muy conocida, vamos a repetir.

Cierta vez se hallaba Johnson cenando, en los últimos años de su vida, con el actor Foote. Entre los que le acompañaban estaban el Dr. Francis, conocido como traductor de Horacio, y el propio Murphy. Se mencionó un importante debate referente al final de la labor administrativa de sir Robert Walpole, y el Dr. Francis hizo observar que el «discurso de Mr. Pitt, pronunciado en aquella época, fue el mejor de los que había leído.» Varios de los reunidos recordaron el debate y fueron citados algunos fragmentos que recibieron la aprobación y aplauso de todos los presentes. Durante el ardor de la conversación Johnson guardó silencio. Tan pronto como el calor de las alabanzas se apaciguó dijo lo siguiente: «Ese discurso lo escribí yo en una buhardilla de Exeter Street». La concurrencia quedó sorprendida, y Francis pidió una aclaración. «Sir —dijo Johnson— lo escribí en Exeter Street. Nunca he estado en las gradas de la Cámara de los Comunes, más que una sola vez. Cave tenía influencia con los porteros. Él y las personas que tenía empleadas conseguían entrar en la Cámara. Tomaban nota del asunto que se discutía, los nombres de los oradores, el lugar que ocupaban, y el orden en que se levantaban a hablar así como notas sobre los argumentos desarrollados en el curso del debate. Después se me comunicaba todo a mí y yo componía los discursos en la forma que están ahora en los debates parlamentarios.»

La concurrencia prodigó toda clase de encomios a Johnson y uno de los presentes alabó su imparcialidad, haciendo observar que sobresalía en ambas partes y dé un modo igual la elocuencia y el razonamiento. «Eso no es del todo cierto —dijo Johnson— Cubría las apariencias bastante aceptablemente, pero tuve cuidado de que los dogos *whigs* no se llevaran la mejor parte.»

El relato de esta famosa conversación no se publicó hasta lo menos 19 años después de la fecha en que se dice ocurrió, y parece contener algunas inexactitudes sin importancia; pero, según la opinión del Dr. Birkbeck Hill, la autoridad más reconocida sobre la vida de Johnson, «los extremos principales parecen ser bastante verídicos».

En la contienda establecida en el año 1771, los Comunes salieron teóricamente victoriosos, pero en la práctica resultaron vencidos. Desde esta fecha la vida interior del Parlamento, en ambas Cámaras, pudo ser objeto libremente de informaciones; pero después, durante un largo período de tiempo, se pusieron dificultades formidables para que pudieran hacerse trabajos informativos completos y exactos. No existía lugar alguno especial para que se instalaran los encargados de hacer las informaciones; las personas extrañas a la Cámara eran admitidas, como favor, bajo restricciones muy molestas; parecía seguirse con ellos los mismos rigores con que se trata a los intrusos en un club de Londres, siendo frecuente la exclusión total, puesta en práctica arbitrariamente por medio de disposiciones de la Cámara. De aquí que algunos de los debates y de los discursos más brillantes del siglo XVIII no han sido conservados y el conocimiento que de ellos tenemos proviene de notas fragmentarias imperfectas e inexactas. Hasta después del incendio de 1834 no se dictaron medidas para que los periodistas y personas destinadas a hacer informaciones del Parlamento, tuvieran un lugar donde poder acomodarse, y hasta el año 1888 las disposiciones para la entrada y exclusión de las personas ajenas a la Cámara no se establecieron de un modo más racional; pero huelga decir que ya desde la Ley de Reforma del año 1832, o acaso en fecha anterior, se reconoció que las informaciones completas y verídicas de los debates parlamentarios eran una cuestión de gran interés público, siendo la provisión de lugar adecuado y las facilidades dadas a la Prensa, uno de los asuntos a los que la Cámara dedicó especial atención.

Aquellos que deseen obtener hoy datos sobre los debates parlamentarios del pasado, deberán dirigirse en primer lugar a Hansard en lo que afecta a los primitivos períodos posteriores. La Compilación conocida por el nombre de *Historia Parlamentaria* apareció por primera vez en el año 1751, interrumpiéndose hasta la fecha de la restauración de 1660. Se interrumpió y fue continuada por la renombrada *Historia Parlamentaria* de Cobbett, que llegó hasta 1803.

Los elementos utilizados en esta compilación se tomaron, en parte, de los anales del Parlamento y de los Diarios de ambas Cámaras, en parte de informaciones autorizadas, hechas sobre discursos determinados, y en parte también de fuentes inéditas fragmentarias y dispersas tales como esquemas o anotaciones de discursos hechas por miembros del Parlamento y, en lo que afecta al siglo XVIII, extraídos principalmente de los datos publicados en periódicos y publicaciones contemporáneas, como las que han sido anteriormente citadas. Cuando la *Historia Parlamentaria* de Cobbett fue concluida en el año 1803 se continuó por una serie de recopilaciones conocidas en un principio bajo la denominación de *Debates Parlamentarios* de Cobbett. En el año 1808 fue impresa esta serie por Mr. T. C. Hansard, hijo mayor de Luke Hansard, que había sido durante muchos años, y lo era entonces, impresor de los Diarios de la Cámara de los Comunes. Los Hansard compraron a Cobbett los derechos de la publicación y a partir del volumen 22 (1822) el nombre de Cobbett desapareció de la página titular.

Esta es la publicación que, en series sucesivas, bajo diferentes formas en la ordenación y durante muchos años después que cesó la familia Hansard de tener interés en ella, fue continuada hasta el final del año 1908, y es conocida en todo el mundo, con el nombre de «Hansard». Reemplazó a las varias publicaciones que anteriormente habían recopilado los debates del reinado de Jorge III y triunfó sobre varios rivales, tales Como el *Espejo del Parlamento* (1828-1841). Desde sus comienzos fue una empresa puramente privada, y continuó siéndolo durante muchos años, mantenida por suscripciones anuales de los miembros del Parlamento y de otras personas, sin disponer de personal propio encargado de tomar las informaciones parlamentarias, sino recogiendo los materiales de los trabajos informativos hechos por *The Times, Morning Chronicle* y otros periódicos importantes; a menudo estas recopilaciones de discursos eran completadas mediante correcciones hechas por los oradores.

Al fin del año 1877 y como consecuencia de una discusión surgida en el seno de la Cámara de los Comunes sobre el sistema de informaciones parlamentarias, se hizo un arreglo entre el ministro de Hacienda y Mr. Hansard (el miembro de esta familia que vivía en aquella época); en este arreglo se hacía constar que, teniendo en cuenta el propósito de Mr. Hansard de mantener un cuerpo de redactores especiales para recoger debidamente ciertos extremos que podían pasar inadvertidos a los periodistas que hacían estas informaciones, por creerlas de escaso interés para el público, así como lo limitado de la suscripción anual de estas compilaciones parlamentarias, la Tesorería decidía subvencionar con fondos públicos la publicación. De tiempo en tiempo se renovaron otros contratos de índole semejante, pero en términos variables, con Mr. Hansard y su sucesor hasta el fin del año 1908.

Pero en este año las dos Cámaras del Parlamento determinaron, siguiendo la recomendación de una comisión influyente, interrumpir el sistema de subvencionar estas informaciones parlamentarias extraoficiales y que la Cámara nombrara sus empleados oficiales para este trabajo.

El nuevo sistema se puso en vigor al comenzar la etapa parlamentaria de 1909. Cada Cámara cuenta con su cuerpo oficial de redactores parlamentarios haciendo sus informes por separado. En la Cámara de los Comunes el detalle de los debates recogidos diariamente por el personal encargado, se distribuye, sin rectificar, durante la mañana siguiente, a la hora del almuerzo. Las informaciones se hacen hasta alrededor de las once de la noche del día anterior de su publicación, y cualquiera información posterior queda para el siguiente número.

Los Lores sentían inquietud sobre la forma en que podían ser recogidos sus discursos, y no permitían que se publicaran oficialmente hasta que habían tenido oportunidad de revisarlos. Este sistema pareció ser útil, ya que representaba una gran ventaja para los miembros poder disponer de una pauta provisional de los debates de cada día con tiempo suficiente para utilizarlos en la sesión del día siguiente. Actualmente se hacen ensayos para extender este procedimiento a los debates de las comisiones permanentes.

En lenguaje parlamentario, a todos los que no son miembros del Parlamento ni empleados de él se les incluye bajo el concepto de personas extrañas al mismo. En los días en que era un delito hacer informaciones parlamentarias, al encargado de hacer tal trabajo se le consideraba como una variedad peligrosa de este concepto de personas extrañas a la Cámara, ya que se sabía que iba a tomar notas sobre los debates sin tener atribuciones para ello. En el régimen establecido posteriormente, las labores informativas han sido reconocidas y alentadas, estableciéndose una diferencia entre las personas dedicadas a hacer estas informaciones y los simples visitantes. En la Cámara de los Comunes se destinan a los periodistas asientos especiales, tanto al personal de la Cámara que hace oficialmente este trabajo, como a los representantes de los periódicos; se hallan instalados en un lado de la galería, en el extremo de la Cámara en que se encuentra el Presidente, y en habitaciones contiguas disponen de holgura y comodidad para reunirse.

A los visitantes se les coloca en el otro extremo de la galería de la Cámara, y el departamento destinado a las señoras, encima del de los periodistas. Las dos hileras de sillones situados en la parte del salón enfrente del Presidente, a uno de los lados del reloj, se destinan a los Pares, y los situados a la otra parte, a personalidades distinguidas ajenas al Parlamento. Son conocidos bajo la denominación de Galería de los Pares y Galería Especial. Las otras hileras de sillones destinadas a los visitantes se las conoce bajo la denominación de Galería de los Parlamentarios. Debajo la Galería especial existe también lugar habilitado para algunos visitantes.

Las invitaciones para los asientos vacantes de la Galería de los Parlamentarios pueden obtenerse durante las sesiones de la Cámara en la Oficina de Saint Stephen's Hall. Cuando un visitante desea asegurarse un puesto anticipadamente, ha de obtener de algún parlamentario lo que se llama un permiso anticipado, y cuando existe una gran solicitud de estos permisos, como ocurre a menudo si se espera un debate interesante, los miembros del Parlamento se sortean entre sí el privilegio de poder disponer de estas solicitadas invitaciones. Las invitaciones para la Galería especial, para la otra situada bajo esta y para la de señoras solo, pueden obtenerse de cualquier miembro del Parlamento.

Hasta fines de 1908, las señoras solo eran admitidas en la galería a ellas destinada, en la cual el espacio era reducido y la vista de las que la ocupaban estaba interrumpida por diferentes obstáculos. Ahora, no obstante, al igual que ocurre con el derecho de la mujer a elegir y ser elegida miembro de la Cámara, la antigua división de sexos, en lo que afecta a los visitantes, ha sido modificada, y hombres y mujeres pueden entrar libremente en la galería denominada de los Parlamentarios, si bien las señoras conservan el privilegio exclusivo de sentarse en el departamento de la Cámara que aun se reserva especialmente para ellas.

La historia de las polémicas entabladas entre la Cámara de los Comunes y el público y la Prensa es una supervivencia de las viejas y gastadas prerrogativas parlamentarias. El Parlamento del siglo XVII reclamaba a los Estuardo el derecho de deliberar en privado. Los Parlamentos de épocas posteriores mantuvieron la tradición de este derecho hasta mucho tiempo después que desapareció la razón justificante de las deliberaciones secretas, y durante el siglo XVIII usaron contra la Prensa y el público la misma arma del privilegio que sus predecesores usaron contra los reyes entremetidos. Y aun en el siglo XIX, cuando había sido reconocido por todo el mundo que la publicidad de los debates era un rasgo característico del Gobierno parlamentario y que no ha de tener mucha confianza el elector que no puede informarse y estudiar el curso de los negocios públicos ni exigir responsabilidad alguna a sus representantes, aún entonces, la Cámara de los Comunes, mientras removía y alteraba sus costumbres, no se decidía a modificar su criterio y las reuniones eran entonces, y lo siguen siendo todavía, teóricamente privadas, aunque en la práctica sean públicas. Todavía en el año 1875 un miembro de la Cámara de los Comunes insistió en la exclusión de las personas extrañas al Parlamento, incluyendo a los periodistas, pero hasta 1909 no existe informe alguno oficial referente a debates de esta índole.

Durante la Guerra se hicieron ensayos para celebrar sesiones secretas de las que eran excluidos los periodistas. Pero tales experimentos no obtuvieron resultados muy satisfactorios.

CAPÍTULO IX

LA CÁMARA DE LOS LORES

Como hemos visto, el Parlamento está formado de dos Corporaciones o Cámaras: la de los Lores y la de los Comunes, y generalmente suele hacerse referencia a la de los Lores cuando se menciona la «Segunda Cámara».

La Cámara de los Lores, con excepción de la de Hungría, es la más antigua de las Segundas Cámaras que existen en el mundo. Es la más numerosa, la que tiene un carácter más hereditario de todas ellas y ha sufrido menos modificaciones en su constitución que ninguna otra Cámara legislativa en un período de vida igualmente extenso. Representa la línea descendente del gran Consejo de los reyes Plantagenet antes de que fuera reforzado este Consejo por la agregación de miembros nombrados por elección. Pero aunque su constitución no ha sido alterada materialmente hasta la fecha, su número y composición ha cambiado mucho.

Hay ahora alrededor de 700 miembros en la Cámara de los Lores, incluidos Príncipes reales, arzobispos, duques, marqueses, condes, vizcondes, obispos, barones y cinco Pares vitalicios con funciones judiciales. Al Parlamento de 1295, tomado como modelo, fueron convocados 2 arzobispos, 18 obispos, alrededor de 60 abades y otras dignidades de Corporaciones religiosas, 7 condes y 41 barones, en total menos de 140. Al principio existían casos de duda para proceder discretamente al hacer las debidas distinciones referentes a quiénes debían ser convocados individualmente como grandes barones, y quiénes debían ser representados con otros barones de menor categoría. Pero la clasificación fue limitándose gradualmente, y el hecho de que un barón recibiera, individualmente, una convocatoria para reunirse en Cortes, daba a sus descendientes un derecho hereditario.

Los duques fueron los que aparecieron primero, bajo el reinado de Eduardo III, los marqueses bajo el de su sucesor, y los vizcondes en el siglo XV. Fue generalizándose la práctica de crear títulos de Par con un método más serio, por medio de cartas-patentes, y esta práctica sustituyó al antiguo sistema por el cual el derecho a asistir a las asambleas como Par nacía del hecho de haber sido convocado uno de sus antecesores por mandamiento regio. El número de los abades que eran convocados decreció rápidamente, desapareciendo por completo después de la Reforma. El de los obispos se aumentó en aquella época, pero permaneció estacionario durante los siglos posteriores. Al ser aumentado de nuevo en el siglo XIX, se dictó una medida por la cual todos los obispos no tenían asiento en la Cámara de los Lores. Solamente 24 obispos tienen puesto actualmente en la Cámara al lado de los arzobispos; los obispos nuevos tienen que esperar, al menos que pertenezcan a Durham, Winchester o Londres.

Puede hacerse especial mención de dos extremos referentes a la antigua Cámara de los Lores.

En primer lugar era reducida, muy pequeña en comparación con la actual. Después de los Tudor el número de los Pares temporales no excedió nunca de 55 y raramente alcanzó esta cifra, y una vez descendió al número de 23. Durante el reinado de los Tudor su número pareció fluctuar alrededor de 50. La cifra se elevó bajo los Estuardo, pero hasta el siglo XVIII no comenzó la pródiga creación de dignidades de Par. De los títulos de Par existentes hoy, solamente una muy pequeña proporción son en realidad antiguos.

En segundo lugar, la proporción de los miembros hereditarios de la Cámara, fue anteriormente mucho más reducida que en la actualidad. Antes de la Reforma, los Pares espirituales, cuyos derechos no eran hereditarios, podían formar la mayoría de la Cámara.

La unión con Escocia en 1707 y la unión con Irlanda en 1801 hizo surgir otra clasificación entre los Pares. Hay Pares de Inglaterra, creados antes de 1707, Pares de la Gran Bretaña, creados entre 1707 y 1801, y Pares del Reino Unido, creados desde 1801. Todos estos títulos confieren a sus poseedores el derecho hereditario a pertenecer a la Cámara de los Lores. Pero junto a estos están también los Pares de Escocia y los de Irlanda y los poseedores de estos títulos no tienen derecho alguno a pertenecer a la Cámara de los Lores, al menos que ostenten también, como ocurre con muchos de ellos, el título de Par de otra clase o por haber sido elegidos Pares representantes de los demás Pares de Escocia o Irlanda, elección que se hace por ellos mismos.

Los Pares de Escocia tienen 17 puestos de representación en la Cámara y los de Irlanda 28. Los Pares de Irlanda gozan de algunas ventajas que no disfrutan los de Escocia. En primer lugar, si los otros Pares les eligen representantes suyos en la Cámara, lo son para toda la vida, y no únicamente para un Parlamento, cosa que ocurre con los Pares de Escocia, En el caso de que no sean elegidos, pueden formar parte de la Cámara de los Comunes[1], aunque no como representantes irlandeses. Lord Palmerston era Par de Irlanda, pero pertenecía a la Cámara de los Comunes. Lord Curzon era Par de Irlanda también antes que fuera Par del Reino Unido, y hubiera podido ser propuesto para formar parte de la Cámara de los Comunes si no hubiera sido elegido representante de los Pares de Irlanda.

Aún existe la facultad de crear Pares de Irlanda, aunque con limitaciones. Pero la de crear Pares de Escocia ha cesado, no existiendo en la actualidad más que 20 Pares escoceses que no tienen derecho a formar parte de la Cámara de los Lores, como Pares representantes, o por el privilegio de ostentar alguna otra dignidad de Par.

La Cámara de los Lores participa de la mayor parte de las labores de la Cámara de los Comunes, pero son peculiares de ella las atribuciones judiciales. El control de la Cámara de los Lores, por vía de apelación, sobre la actuación de los tribunales ingleses de Derecho común, puede ser referido a los tiempos en que dicha Cámara era el gran concilio del Rey. El control se extendía, por consiguiente, a los tribunales de cancillería en Inglaterra, y a los tribunales de Escocia e Irlanda. Pero nunca alcanzó a los tribunales eclesiásticos, o a los de Ultramar. En las apelaciones de estos tribunales su lugar es ocupado por el comité judicial del consejo privado.

---

[1] Debe tenerse en cuenta que la concesión de autonomía a Irlanda por Inglaterra ha modificado esta situación. —*N. del T.*

Aunque las funciones judiciales de la Cámara de los Lores provienen de época muy antigua, ha variado mucho la forma de ejercerlas y su actividad. Durante la mayor parte de los siglos XV y XVI permanecieron prácticamente anuladas. Durante una buena parte del siglo XVIII estas funciones las ejerció el Lord Canciller de la época, «actuando en una jurídica soledad» según las palabras de Erskine May, «acompañado por dos Lores, silenciosos e inexpertos, relegados a segundo término, para representar la sapiencia colectiva».

Lord Selborne intentó acabar con estas atribuciones judiciales retirándolas de la Cámara de los Lores para entregarlas al Tribunal Supremo de Justicia, al que él daba fuerza tratando de que fuera tan supremo de hecho como de nombre, y que sus decisiones fuesen realmente finales. Pero antes de que su Ley Judiciaria entrara en vigor, fue rectificada por otra Ley de 1876 que restauraba la jurisdicción de apelación que había tenido la Cámara de los Lores, y nombraba, para el ejercicio de esta facultad, a cuatro Lores de apelación que cobraban sueldo. Estos Lores de apelación se trató de que no fueran Pares oficialmente, concediéndoles el título solamente durante la tenencia de su oficio. Se recordó la decisión tomada en el caso Wensleydale, por la que se establecía que la concesión de un título vitalicio de Par no incluía la de ocupar un puesto en la Cámara de los Lores, y debido a esto se abrió expediente para establecer una distinción entre los Pares de servicio y los Pares vitalicios, pero se modificó esta distinción once años más tarde, en 1887, en que se estableció por una ley que los Lores de apelación que se retiraran podrían mantener de por vida su condición de Pares.

Esta es la razón de que entre los cinco Pares vitalicios que hay en la actualidad en la Cámara de los Lores, uno de ellos corresponda a la antigua calidad de Lord de apelación judicial. La ley de 1876 dispone que ninguna apelación puede ser estudiada por la Cámara de los Lores a menos que se hallen presentes tres personas con la debida idoneidad legal. Pero la sentencia es todavía, técnicamente, la de la Cámara de los Lores. La ley no descalifica a miembro alguno de la Cámara para el ejercicio de estas funciones, y cualquier Par, aunque carezca de conocimientos en teoría puede asistir y tomar parte activa en los procedimientos de una apelación de justicia. Los resultados que de ello se deriven sería cuestión aparte.

La situación es interesante porque nos muestra cómo la Cámara de los Lores tiene la facultad de delegar sus funciones, sin cambio alguno expreso de la ley, en una comisión especial idónea y, de este modo, podemos ver el gran caudal de ficciones legales que intervienen en la vida constitucional. Las funciones judiciales de la Cámara de los Lores son ejecutadas por una media docena de abogados expertos y los otros miembros de la Cámara ni intervienen ni tienen responsabilidad alguna en su actuación.

Las disposiciones que rigen las sesiones judiciales de los Lores son muy diferentes de las que se establecen con fines legislativos o parlamentarios. Los asuntos judiciales empiezan por la mañana y terminan antes de que comiencen los negocios ordinarios de la tarde. Técnicamente solo se hace una reunión dividida en dos etapas, con un intervalo entre ellas.

Las reuniones comienzan con oraciones que, usualmente, leen algunos de los obispos. El número reducido de Lores técnicos que asisten con fines judiciales se sitúan en la parte más baja de la Cámara, cerca de la barra, y de allí son llamados a Consejo.

En general, los asuntos de la Cámara de los Lores comienzan a las cuatro y media de la tarde. Las reuniones ordinarias no son largas; raramente llegan a hora más avanzada de la de cenar y algunas veces se terminan en algunos minutos. La capacidad de asuntos que se han de tratar es mucho menor que la de la Cámara de los Comunes y muchos días los bancos de la Cámara se hallan vacíos. Son pocas las preguntas; no se discuten presupuestos, y los debates sobre las diferentes etapas de un proyecto de ley son, por lo general, muy cortos. Como consecuencia de esto no se ha creído necesario adoptar ninguna distribución precisa de tiempo o recurrir a alguno de los procedimientos utilizados en la Cámara de los Comunes para hacer más breves los procedimientos de su actividad.

Salvo la importante excepción de las medidas legislativas de carácter financiero, casi todos los proyectos de ley pueden presentarse en cualquiera de las Cámaras. Pero en la práctica seguida en los últimos tiempos, es casi una regla que los proyectos de ley más importantes sean presentados en la Cámara de los Comunes, por lo que en los primeros períodos de las sesiones apenas si hay alguna actividad legislativa en la Cámara de los Lores, mientras que al final se congestiona el trabajo, y los proyectos traídos de la otra Cámara son estudiados con precipitación, lo que en muchas ocasiones ha sido condenado como procedimiento inadecuado y nocivo. Se han formulado muchas lamentaciones sobre este extremo, afirmándose que el Parlamento podría ahorrar mucho tiempo si una gran parte de los proyectos fueran presentados a la Cámara de los Lores en las primeras etapas de la sesión, en cuyo momento la Cámara de los Comunes se halla necesariamente muy ocupada con los asuntos financieros. Pero el sistema de gobierno actual, cualquiera que sea el partido que se halle en el poder, no se encuentra muy inclinado a adoptar este pensamiento. La razón de ello es probablemente que, antes de que una medida legislativa no ha sido discutida en la Cámara popular, es difícil asegurar cuál será la inclinación e influencia de la opinión pública, qué clase de proyectos llegarán a ser leyes y qué enmiendas serán precisas de acuerdo con la intervención de la crítica hostil y amiga. De aquí que, en el caso de las medidas legislativas que se presten a la controversia, se gana muy poco aprobando el proyecto en la Cámara de los Lores en sus primeras etapas, mientras que el riesgo de que quede anulado por no haber sido aprobado antes de terminar la sesión, se hace mayor.

Esta limitación estricta de poderes para tratar los asuntos de finanzas, es lo que constituye la diferencia principal entre el trabajo de la Cámara de los Lores y el de la de los Comunes, y este es el origen de la posición subordinada que ocupa la primera de las dos citadas Cámaras en la Constitución moderna. Ya hemos descrito en el capítulo primero los períodos más antiguos en el desenvolvimiento del principio de que la votación de fondos públicos debe ser iniciada en la Cámara de los Comunes. Los historiadores de la Constitución han dado gran importancia al reconocimiento de este principio por Enrique IV, pero hasta algunas centurias después, luego de la Restauración de 1660, fecha en que las dos Cámaras reanudaron sus funciones normales que habían sido interrumpidas por la Revolución y el interregno de Cromwell, la Cámara de los Comunes afirmó oficialmente y de un modo terminante su derecho exclusivo a controlar la labor tributaria.

En 1671 se resolvió «que en todos los subsidios que los Comunes dieran al Rey, el tipo de tributación no debe ser alterado por los Lores». En 1678 tomaron una nueva resolución en términos más amplios, estableciendo «que todas las contribuciones y subsidios, y los auxilios financieros dados en Parlamento a Su Majestad son de la sola competencia de los Comunes; y todos los proyectos de ley referentes a alguno de estos auxilios económicos o subsidios deben ser iniciados por los Comunes y que estos tienen el indudable y exclusivo derecho de limitar y determinar en tales proyectos los fines, propósitos, consideraciones, condiciones, limitaciones y modalidades de estas concesiones financieras, las cuales no deben ser modificadas o cambiadas por la Cámara de los Lores». Las resoluciones de 1671 y 1678 fueron confirmadas y ampliadas por una famosa disposición tomada en la Cámara de los Comunes el 6 de julio de 1860 en época de una polémica entablada entre las dos Cámaras, y precisamente sobre esta resolución se basa la práctica de la Cámara de los Comunes de determinar los casos en que entiende que los derechos y privilegios financieros han sido infringidos por el otro cuerpo colegislador.

Las cláusulas esenciales sobre cuya observación insisten los Comunes pueden ser formuladas del siguiente modo:

1. Los Lores no pueden iniciar ninguna proposición legislativa por medio de un proyecto de ley pública imponiendo cargas financieras sobre el país, por medio de impuestos, tributos u otro procedimiento, o que regule la administración o inversión de fondos creados por tales cargas públicas.

2. Los Lores no deben modificar ninguna de tales proposiciones legislativas alterando la cifra de un impuesto o sus derivaciones, duración, forma de amillaramiento, forma de cobros o ingresos o aplicación de fondos creados por alguna de estas cargas financieras.

Debemos hacer observar que estas fórmulas no han sido sino demandas de la Cámara de los Comunes, demandas que no fueron admitidas de un modo oficial por la otra Cámara y que no han tomado la forma de disposiciones estatuidas en alguna ley o reglamento permanente que se hallen en vigor en este Cuerpo legislativo; pero han sido reconocidas y respetadas por los miembros más responsables de la Cámara de los Lores, por la Cámara misma, y se ha observado su práctica generalmente por ambos organismos, y al igual que las leyes constitucionales tienen su fundamento en los usos y costumbres, pueden ser consideradas como elementos componentes de la ley constitucional de la nación.

Debe tenerse en cuenta que la aplicación de estas reglas generales en casos particulares puede hacer surgir en la práctica, como a veces ocurre, cuestiones difíciles y complejas, y una insistencia demasiado estricta en su interpretación podría causar a menudo grandes inconvenientes. ¿Qué es una «carga pública»? ¿Hasta dónde es factible precaver las posibles consecuencias y resultados que pueden derivarse de la imposición de tales cargas o tributos?

¿Cuál es la idea exacta del concepto de administración o aplicación de fondos arbitrados por medio de cargas públicas? Toda administración implica, o puede implicar, inversiones de fondos públicos, y la interpretación demasiado literal de estas palabras ¿no encerraría la acción de la Cámara de los Lores en límites no pretendidos ni deseados? Dudas de esta índole surgen a menudo a la consideración de ambos Presidentes y a la de la Cámara de los Comunes, y es casi una regla que se les busque solución de acuerdo con los dictados del sentido común y el interés general, pero de manera tal que el procedimiento quede establecido con cierta elasticidad, siendo difícil conciliar entre sí las distintas disposiciones. Cuando se trata de proyectos de ley privada, los Comunes han sustituido, expresamente, algunos de sus privilegios por disposiciones reglamentarias. Si se trata de proyectos de ley pública, la costumbre actual es que el Presidente determine, en primer lugar, si ha surgido, en su opinión, un caso de privilegio, es decir, si cree que ha sido infringido alguno de los derechos o privilegios proclamados por la Cámara, referentes a finanzas. Si así ocurriera, corresponde a la Cámara determinar, a propuesta de un ministro o de otro modo, si procede insistir en él o renunciar al privilegio. Si los Comunes deciden vindicar su privilegio ante una enmienda hecha por los Lores, suele enviárseles un mensaje haciendo algunos razonamientos de carácter general, por ejemplo que la enmienda afecta a una cuestión de hacienda pública por lo que «los Comunes entienden que no creen necesario dar, por su parte, ninguna otra razón esperando que la razón aludida será suficiente». Esta es la fórmula convencional de volver por los fueros de un privilegio y la alusión es aceptada por los Lores, en la mayoría de los casos, basándose en el principio, bien sano, de que no es digno suscitar una gran discusión, excepto cuando la importancia del motivo la justifique. Si por el contrario los Comunes piensan que una enmienda, aun no siendo estrictamente regular, no infringe materialmente sus privilegios y puede ser aceptada, existe la costumbre de solucionar el asunto haciendo constar, de un modo especial, en el Diario Oficial, una explicación que justifique la aceptación. Existen otros medios para eludir o pasar por alto determinados privilegios, al igual que se procede cuando se quieren suprimir costumbres inconvenientes. Por ejemplo, algunas veces los Lores insertan cláusulas financieras en algunos proyectos con el fin de puntualizar cuál es su deseo. Estas cláusulas se imprimen en tipos de letra itálica y, en rigor, se presupone que no existen en el proyecto. Son meramente ideas sugeridas ante la Cámara de los Comunes, las que puede adoptar esta si las considera justificadas. La vida de ambas Cámaras se ha desenvuelto, generalmente, en un plano de cordialidad y aunque entre ellas han surgido cuestiones referentes a privilegios que han motivado gestos de descontento, raras veces se ha producido una ruptura seria en sus relaciones.

El caso planteado al ser rechazada la ley de Hacienda de 1909 fue, desde luego una excepción; pero las controversias suscitadas al rechazarse este proyecto de ley son demasiado intensas y de fecha cercana para que hagamos aquí de ellas tema de discusión, y son bien conocidos los argumentos argüidos por ambas Cámaras. Por una parte se alegaba que este proyecto era algo diferente a un verdadero proyecto de ley de Hacienda, y sobrepasaba el concepto ordinario de un proyecto sobre finanzas o fondos públicos, y, aun cuando su finalidad Hubiera sido meramente financiera, el derecho de la Cámara de los Lores a rechazar un proyecto de ley de Hacienda, aunque ejercido raras veces, existía, era substancial, y jamás había sido negado. Por la parte contraria, el argumento se establecía diciendo que la alteración de la costumbre realizada en el año 1861 por Gladstone, cuando recopiló todas las disposiciones financieras del año en una sola medida legislativa, afirmó y fortaleció las verdaderas relaciones constitucionales existentes entre las dos Cámaras, y que la facultad de rechazar un proyecto financiero era tan incompatible con la esencia de la práctica constitucional como la de introducir enmiendas. Las relaciones entre las dos Cámaras no están reguladas por un estatuto y se hallan fuera de la influencia de los tribunales de justicia: no se trata, desde luego, de derechos ni poderes legales. La cuestión tiene un carácter de interpretación de la práctica constitucional.

Pero aunque existan motivos de discusión respecto a los derechos y privilegios proclamados por los Comunes y los que los Lores admiten, el hecho es que las facultades fiscales de la Cámara últimamente citada, las facultades de los Lores respecto a los ingresos, gastos y tributaciones, se hallan rigurosamente circunscritas.

No se les consulta sobre los presupuestos, ni sobre las cifras de los fondos que se han de votar, ni sobre el destino que se ha de dar a estos fondos. Los presupuestos sobre tributación no llegan a sus manos hasta que han sido sancionados por la otra Cámara, y entonces se les presenta en forma que hace difícil la crítica. Y como la fuerza del poder ejecutivo reside precisamente en la facultad financiera, la base de la actividad de este poder se halla al margen del control efectivo de los Lores. Pueden estos ejercer una crítica a menudo valiosa y de influencia, pero no pueden imponerla.

Los ministros no pueden evitar que la Cámara de los Comunes acuerde o vote una resolución que implique o exprese la condenación de su política o actuación; esta resolución o este voto puede representar para los ministros un peligro político, y, acaso, determinar su caída. Pero pueden eludir los efectos de este mismo voto condenatorio cuando son los Lores quienes lo acuerdan. Hablando en términos concisos, puede decirse que el Gobierno ejecutivo es responsable ante los Comunes, no ante los Lores, entendiendo por esta responsabilidad la que se deriva del dominio del Parlamento.

¿Cuál es entonces la labor de los Lores? Sus facultades son amplias. En la esfera del poder ejecutivo, los Lores pueden expresar su opinión con mayor libertad de la que asiste a una corporación en que los lazos y la disciplina de partido son más rigurosos, y aquellos que toman parte e influyen en sus debates se expresan con toda la autoridad nacida de una alta posición política, de una reconocida capacidad y de una aquilatada experiencia. No se mide el grado de esta autoridad por el número de votos obtenidos en una votación, al contrario de lo que ocurre con los debates de la Cámara de los Comunes, cuyo valor se aprecia de este modo, y su influencia es indudable aunque no pueda ser impuesta. Los debates desarrollados en la Cámara de los Lores sobre política y administración, son a menudo de gran valor doctrinal, representan una positiva fuerza política e influyen materialmente en la opinión del país y en la acción del Gobierno.

En el campo legislativo, sujeto a las limitaciones fiscales de que hemos hecho anteriormente referencia, así como a algunas pequeñas diferencias técnicas y, en la actualidad, a lo dispuesto por la Ley Parlamentaria, los poderes de ambas Cámaras son iguales y convergentes. Pero es costumbre en los dos grandes partidos políticos que en la actualidad se inicien las medidas legislativas más importantes en la Cámara de los Comunes. Se ha dicho que estas medidas no se inician verdaderamente en la Cámara de los Comunes, sino en el Gabinete. Esta afirmación es completamente cierta; pero es importante observar que el Cuerpo legislativo a que primeramente acude el Gabinete en sus consultas sobre las disposiciones legislativas y por cuyas decisiones se guía de un modo esencial, es la Cámara de los Comunes. Como consecuencia de esto, la intervención legislativa de la Cámara de los Lores es, en los más de los casos de legislación pública, el ejercicio de la facultad de revisar y rechazar.

Generalmente se reconoce la necesidad de una revisión de las medidas legislativas que han atravesado las inquietudes y tumultos de una asamblea popular y se reconoce, del mismo modo, la utilidad de esta actuación revisora ejercida por la Cámara de los Lores. Destaca algunas veces el hecho de que, aunque los Lores ejercen, a menudo con ventajosa independencia, la facultad de la crítica, un gran número de enmiendas, probablemente la mayoría, hechas en los proyectos de ley, después que han pasado por la Cámara de los Comunes a la de los Lores, obedece a sugestiones iniciadas por los promotores del proyecto, como consecuencia de compromisos adquiridos en la primera Cámara para estudios posteriores, o con el fin de corregir inexactitudes, oscuridades de concepto, e inconsistencias y otros defectos de forma que se hayan observado, y para cuya corrección no se tuvo tiempo en la otra Cámara. En este aspecto, la Cámara de los Lores podía ser considerada más bien como un instrumento que como un órgano de revisión.

La facultad de enmendar un proyecto de ley puede ser ejercida mientras no traspase los límites de una revisión en el detalle y en la forma, y mientras solo se hagan las alteraciones que, a juicio de los promovedores, no afecten a los principios fundamentales de la medida legislativa. Cuando esta intervención legislativa se extiende más allá de estos límites, la acción de la Cámara de los Lores equivale al ejercicio del derecho de rechazar, que es una de sus facultades.

¿Hasta dónde puede llegar y bajo qué condiciones pueden ejercer los Lores, de acuerdo con la moderna técnica constitucional, la facultad que poseen de rechazar un proyecto aprobado por los Comunes, o diferir su tramitación, o alterar esencialmente su sentido?

Y ¿cómo deben solucionarse las diferencias que sobre estos extremos surjan entre ambas Cámaras? El planteamiento de tales cuestiones suscita problemas de la mayor magnitud y complejidad, problemas que fueron, recientemente, tema de uno de los más graves conflictos constitucionales de los tiempos modernos.

Al reconstituirse el Parlamento, después de la restauración de Carlos II, surgieron algunas cuestiones referentes a las relaciones entre los poderes y jurisdicciones de las dos Cámaras. Algún tiempo más tarde, cuando formaban las mayorías de la Cámara de los Lores los dos partidos políticos progresista y religioso, mientras que los Comunes se dividían en dos partidos, conservador y reformista, las diferencias de opinión entre ambas Cámaras fueron serias durante algún tiempo. Pero en la mayor parte del siglo XVIII y, más adelante, hasta la época de la Reforma de 1832, no se planteó ningún conflicto grave. No existía razón alguna para que ocurriera. Habían desaparecido las causas y elementos que separaban a los dos Cuerpos colegisladores. Los miembros de la Cámara de los Comunes surgían generalmente de las clases sociales de la de los Lores, representaban las mismas opiniones e intereses y, en muchos casos, eran nombrados directamente por personalidades que ostentaban los títulos de Par. Después de 1832, la situación cambió por completo. La propagación de las libertades y de las ideas democráticas, y los cambios sufridos en los puntos de vista referentes a los poderes y deberes de Estado en relación con los problemas sociales y económicos, tendían, y tienden en la actualidad, a hacer mayor aún la separación existente entre la Cámara popular y la Cámara que representa, de modo especial, la tradición, la aristocracia y la opulencia.

Los Lores, durante varias generaciones, van sorteando las dificultades de su posición política, limitando, prudente y sagazmente, el ejercicio de sus poderes. Ya no plantean reclamaciones sobre sus derechos, ni constitucionales, ni judiciales, para ejercer las facultades legislativas concurrentes. Cuando los Comunes entregan a los Lores un proyecto de ley ya discutido, estos, en la práctica, no ejercen el derecho de rechazarlo si no está de acuerdo con su opinión, ni el de hacer alteraciones substanciales. Lo que reclaman, según fue expresado por uno de sus miembros más responsables, es el derecho y el deber «de detener el progreso de aquellas medidas legislativas que a su juicio no se hallan de acuerdo con la opinión expresa del país». Es decir, reclaman la facultad de actuar como árbitro entre los Comunes y el país. La posición constitucional de los Lores sería mucho más sólida si las cuestiones en que hubieran de intervenir fueran de carácter jurídico cuya decisión hubiera de tratarse por una comisión delegada de expertos en leves, que actuara con espíritu estrictamente judicial. Se dice, y es ello cierto, que los Lores actúan en el país movidos por causas políticas y económicas, y todo el mundo reconoce la necesidad de buscar un procedimiento mejor para conciliar y coordinar las diferencias entre estas dos ramas de legislación. Desde el punto de vista conservador, existen argumentos sólidos en favor de la Cámara de los Lores, pero para muchos es difícil defender una institución aristocrática con argumentos democráticos.

En el siglo XVII fueron frecuentes las Conferencias habidas entre las dos Cámaras. No estaban confinadas a tratar exclusivamente las diferencias existentes entre ellas, sino que se extendían a estudiar otras cuestiones tales como la unión con Escocia, los asuntos generales de esta comarca y de Irlanda, la solicitud de privilegios, los proyectos militares anuales y las ordenaciones papales para el mismo período, y finalmente la denuncia de agravios de los nobles. Es decir, abarcaban la totalidad de los negocios parlamentarios. Se tendía en el siglo XVIII a limitar su número y motivos, procurando darles un carácter más oficial. En esta época su actuación se encerraba generalmente, aunque no de un modo exclusivo, dentro de los límites de las diferencias de opinión habidas en las enmiendas de proyectos al pasar de una Cámara a otra; y se había convenido, casi como una ley basada en la costumbre, que a no ser que se hallara una solución a dichas enmiendas estableciéndola en un mensaje, el desacuerdo entrañaba la necesidad de una conferencia. Dirigían las deliberaciones de estas conferencias los presidentes nombrados por cada una de las Cámaras; eran muy severas las fórmulas, y los procedimientos muy ceremoniosos. Los Lores asistían cubiertos a las reuniones, mientras que los Comunes permanecían con las cabezas descubiertas. Uno de los presidentes de la Cámara iniciaba la Conferencia, daba lectura a los razonamientos sobre el desacuerdo habido y entregaba el documento en que estas razones se hallaban escritas a uno de los presidentes de la otra Cámara. Entonces los presidentes se retiraban y el grupo constituido por cada uno de ellos pasaba a informar, respectivamente, a la Cámara de que formaba parte. Esto era todo lo que ocurría. Algunas veces fueron ampliadas estas conferencias ceremoniosas con lo que se llamaba «conferencias libres», y se ofrecía en ellas la oportunidad de discutir. Pero tales conferencias libres se hicieron también formularias e infructuosas y su práctica fue abandonada definitivamente en el año 1740, con una excepción ocurrida posteriormente. Esta aconteció en el año 1836, en que se hicieron estériles intentos de llegar a un arreglo por medio de una conferencia libre, respecto a las diferencias surgidas entre ambas Cámaras sobre un proyecto de reforma municipal. La práctica de conferencias oficiales perduró aún en épocas posteriores, pudiendo citarse una de ellas en el año 1833 en que se dieron los primeros pasos de la gran medida legislativa que había de modificar la constitución de la Compañía de las Indias orientales, lo que describe Macaulay en una carta dirigida a su hermana (17 de junio de 1833):

«Hoy comunicamos nuestros acuerdos a la Cámara de los Lores. Las dos Cámaras se reunieron en Conferencia para tratar de este asunto, en un antiguo salón gótico llamado la Cámara de las Pinturas. Estas consisten en unas pinturas borrosas, que figuran una mujer en el nicho de una de las ventanas.

«Los Lores se hallaban reunidos ante una mesa, cubiertas sus cabezas con pequeños sombreros de copa. Mientras tanto, nosotros permanecíamos descubiertos en la otra parte del salón, deliberando sobre nuestras conclusiones. Pensé que estaba cercana la hora que nos correspondiera a nosotros el turno de sentarnos y a ellos el de esperar.»

Estas conferencias tenían, entre otros inconvenientes, el de suspender temporalmente los negocios de ambas Cámaras. Al fin, alguien hizo observar, muy oportunamente, que los razonamientos que quisieran hacerse sobre un desacuerdo serían expresados lo mismo por medio de un mensaje que por medio de conferencias, y sujetándose a este criterio se reunieron las dos Cámaras en mayo de 1851 y acordaron sustituir el sistema de conferencias por el de mensajes a no ser que se tomara el especial acuerdo de celebrar una conferencia. El cambio fue potestativo; el antiguo procedimiento de conferencias no ha sido abolido nunca definitivamente, y existe la posibilidad de que cualquier miembro de la Cámara, movido por ideas arcaicas, proponga que sea revivido, aunque dicha moción no es muy probable. Lo que sí ocurre en la actualidad, cuando existe un desacuerdo sobre enmiendas de un proyecto, es que algunos miembros eminentes de ambos partidos se reúnan en conferencia privada y extraoficial si se trata de un proyecto importante del Gobierno, o que esta reunión se haga entre los promovedores del proyecto y los que lo combaten y critican si se trata de medidas de otra índole, entablándose, en ambos casos, un cambio de criterios para llegar a algún arreglo. Cuando estos intentos son infructuosos se abandona el proyecto como fracasado en su tramitación para constituirse en ley, ya que, a no ser por medio de la Ley Parlamentaria, para que un proyecto pueda estar sometido al asentimiento del Rey precisa que ambas Cámaras se pongan de acuerdo.

Frecuentemente se pasan comunicados de esta índole de una a otra Cámara, que tratan principalmente de proyectos de ley, ofreciendo informaciones de cómo ha procedido cada Cámara en los proyectos o cómo piensa proceder. En épocas anteriores solía hacerse entrega de estos comunicados a la Cámara de los Lores por mediación de funcionarios oficiales con sueldos liberales y pocas obligaciones, pero fueron abolidos en la última centuria, La Cámara de los Comunes entrega estos comunicados por mediación de algunos de sus propios miembros, y en el año 1831 y 1832 lord John Russell entregó personalmente sus proyectos de reforma en la oficina de la Cámara de los Lores. En la actualidad, estos mensajes los cursa el Secretario de cada Cámara, a quien puede verse con su peluca y su toga esperando en la oficina de la otra Cámara, para cumplir esta misión.

Cuando en 1909 fue rechazado el Presupuesto de Hacienda, protesta que fue seguida de otras medidas de gobierno importantes también rechazadas, se produjo una crisis en las relaciones de las dos Cámaras. Hubo de procederse a elecciones generales que mantuvieron en el poder al Gobierno de Mr. Asquith, aunque con reducida mayoría. Volvió a presentarse al nuevo Parlamento el Presupuesto de Hacienda anual, que se aprobó. El Gobierno hizo surgir y desarrolló tres resoluciones que restringían los poderes legislativos de la Cámara de los Lores y acortaban la duración de los períodos parlamentarios. Estas resoluciones, aunque diferentes en algunos aspectos, se basaban en otra aprobada por la Cámara de los Comunes a instancias de sir Henry Campbell Bannerman en junio de 1907. Se presentó un proyecto de ley fundado en tales proposiciones, pero su desarrollo se detuvo por la muerte del rey Eduardo VII. Entonces hubo una conferencia compuesta por ocho miembros de ambas Cámaras con el fin de tratar este asunto. De estos ocho miembros, cuatro eran de cada partido político. Esta conferencia continuaba reuniéndose todavía al interrumpir el Parlamento su trabajo por las vacaciones de otoño. Al abrirse de nuevo el Parlamento en noviembre de 1910 se comunicó que la conferencia había fracasado en sus gestiones para llegar a un acuerdo. En la Cámara de los Lores se produjeron algunos debates importantes, tomando diversas resoluciones de carácter general para reformar su constitución y regular las relaciones entre los dos cuerpos colegisladores.

El breve Parlamento de 1910 se disolvió al terminar el mes de noviembre de dicho año, y las elecciones generales de diciembre dieron al Gobierno una mayoría prácticamente idéntica a aquella con que se dirigiera al país. El proyecto de ley sobre el régimen parlamentario fue presentado de nuevo al comenzar la sesión del año 1911, siendo aprobado en agosto del mismo año, después de movidas escenas. Los Lores habían formulado enmiendas que rechazaron los Comunes, y la resistencia de los primeros fue vencida únicamente ante la intimación autoritaria de que el Rey había sido aconsejado por sus Ministros y dado su consentimiento para crear el suficiente número de Pares con que satisfacer las exigencias de aquel caso. Y aunque no se insistió más en las enmiendas de la moción, solamente se aprobó el proyecto por 131 votos contra 114.

Los acuerdos principales del Acta Parlamentaria son:

1. Si los Lores niegan su asentimiento a un proyecto de ley sobre finanzas, durante más de un mes después de que les haya sido entregado, el proyecto puede ser presentado a la sanción regia, y, si esta es concedida, pasará a constituirse en ley sin el consentimiento de los Lores. La Ley hace una definición de «proyecto financiero» siendo de la competencia del Presidente juzgar si un proyecto entra dentro de los límites de esta definición. Antes de dar esta certificación debe consultar a los miembros de la Cámara de los Comunes nombrados al objeto.

2. Si un proyecto de ley, de distinta índole de la financiera, se aprueba, durante tres sesiones sucesivas, por la Cámara de los Comunes, bajo el mismo Parlamento o por otro distinto, puede ser presentado, si fuera rechazado tres veces por los Lores, al asentimiento del Rey, si este asentimiento fuera dado, se constituirá en ley. Pero deben transcurrir dos años, entre la fecha de la segunda lectura, en la primera de estas sesiones, y la fecha en que el proyecto es aprobado por los Comunes por tercera Vez. Se toman medidas contra la posibilidad de que sea destruida la esencia del proyecto con la introducción de las enmiendas que se crean necesarias por el transcurso del tiempo o acordadas por las dos Cámaras.

3. El plazo de cinco años queda sustituido por el de siete años como duración máxima de una legislatura.

CAPÍTULO X

ESTUDIO COMPARATIVO

Se ha gastado tanto la frase «madre de Parlamentos» aplicada al Parlamento de Westminster, que uno casi se abstiene de repetirla. Y, sin embargo, expresa una gran verdad histórica. Es un hecho que la Constitución y procedimientos de las Legislaturas de todas las naciones, salvo la posible excepción de Hungría, han sido copiadas directa o indirectamente, o, al menos, basadas en ideas sugeridas por el tipo inglés.

Los primeros que realizaron esta adaptación fueron, como es natural, anglosajones, los que concibieron la Constitución de los Estados Unidos. Es sumamente instructivo establecer una comparación de los procedimientos del Parlamento británico y los del Congreso americano, porque la comparación nos muestra cómo un pueblo que se mueve por costumbres semejantes, por tradiciones y formas de pensar similares a las británicas, puede llegar a distintos y curiosos resultados haciendo punto cardinal de un principio constitucional diferente: el de la separación de los poderes ejecutivo y legislativo.

Los delegados que se reunieron en convención en Filadelfia en el año 1787 bajo la presidencia de Jorge Washington y teniendo como maestro espiritual a Alejandro Hamilton, con el fin de buscar una forma de gobierno común para los trece Estados americanos que habían obtenido la independencia, fijaron su atención primeramente, como es natural, para orientarse e inspirarse, en las formas de gobierno existentes entonces en los mismos Estados.

La Constitución de estos Estados se había desenvuelto por medio de cartas reales concedidas por el Rey cuando eran colonias inglesas, y diferían entre sí en varios extremos, aunque tenían en su totalidad dos rasgos característicos comunes.

En cada uno de ellos existía un gobernador y una Legislatura, y el Gobernador que estaba a la cabeza del poder ejecutivo era independiente y no responsable de la Legislatura. En ninguno de ellos era desempeñado el poder ejecutivo por ministros que fuesen miembros de la Legislatura o responsables ante ella. En ninguno de ellos existía un sistema de Gobierno de Gabinete o de Gobierno Parlamentario tal como existe en la actualidad en el Reino Unido y en las colonias o dominios autónomos de Inglaterra. Si nos preguntamos por qué el sistema de gobierno parlamentario de Gabinete no arraigó en los Estados Unidos, mientras que se desenvolvía en todos los dominios autónomos ingleses, podremos hallar la razón principal de ello en un principio histórico, debido a que la constitución de las antiguas colonias americanas, de los Estados que la sucedieron y del Gobierno federal que reunió a estos Estados fue sugerida por la Constitución inglesa de antes de surgir el sistema de Gabinete, y de que sus principios fueran adoptados, mientras que la constitución de los dominios autónomos de Inglaterra se ha modelado basándose en la constitución existente en el Reino Unido.

La separación de los poderes ejecutivo y legislativo fue uno de estos rasgos característicos comunes en la constitución de los Estados norteamericanos en los tiempos en que se unieron. Otro de estos rasgos era que en casi todos ellos la Legislatura estaba formada (en la actualidad ocurre en todos ellos) por dos Cámaras. La necesidad de dos Cámaras ha sido proclamada desde entonces como un axioma de ciencia política, y puede ser juzgado como un dogma político que ha obtenido la aceptación general. Pero, según el criterio de Mr. Bryce, el origen del sistema bicameral establecido en América debe buscarse antes en principios históricos que en teóricos, y obedece, en parte, a la existencia anterior, en algunas colonias, de pequeños Consejos de gobierno agregados al cuerpo de representación popular, y, en parte, a una disposición natural a imitar a la madre patria con sus Lores y sus Comunes.

Estos eran los modelos que tenían ante sí los creadores de la Constitución de los Estados Unidos por los cuales se establecía en esta Constitución una independencia entre el poder ejecutivo y el legislativo, dividiendo este en dos Cámaras. Al adoptar estas dos características de gobierno no se vieron influidos únicamente por una tendencia natural a la imitación, sino también movidos por consideraciones generales y necesidades prácticas. Entre las ideas políticas que vibraban en el ambiente del siglo XVIII, ninguna ejerció mayor influencia en el pensamiento americano que la doctrina de la separación de poderes. Esta doctrina debía su popularidad a Montesquieu que la había basado en una generalización precipitada e imperfecta de ciertos principios de la Constitución británica. De acuerdo con esta doctrina, las funciones legislativas, ejecutivas y judiciales del Estado debían separarse unas de otras, siendo independientes. Habían de existir órganos distintos para cada una, laborando juntas, pero no dependiendo ninguna de la otra. Los hombres que se reunieron en Filadelfia hallaron un apoyo de esta doctrina en las Constituciones existentes en sus propios Estados, y en ellos coincidió el punto de vista de buscar una garantía contra el peligro de concentrar poderes en una sola persona o en un grupo de ellas, adoptando este pensamiento como un principio cardinal de su nueva Constitución.

Se hallaban inclinados lógicamente a dividir su poder legislativo en dos Cámaras como estaba establecido en la mayoría de sus Estados, y hallaron en esta división una solución de las mayores dificultades prácticas que habían de encontrar en su camino, reconciliando la demanda de un Gobierno común con el reconocimiento y salvaguardia que necesitaban los Estados menos importantes, de sus derechos privados. Bajo la Constitución que idearon, la Cámara de Diputados simbolizaba a la nación desde el punto de vista popular, mientras que el Senado representaba a los Estados. Había de haber y hay, actualmente, dos senadores por cada Estado, grande o pequeño; pero los representantes en Cortes de la otra Cámara habían de ser, y lo son actualmente, distribuidos entre los Estados proporcionalmente a su población, de forma que los Estados más populosos tenían que preponderar sobre los otros.

El Presidente representaba al poder ejecutivo, las dos Cámaras del Congreso al poder legislativo, y el Tribunal Supremo al poder judicial, hallándose independiente cada autoridad dentro de su propia esfera de acción.

¿ Cuáles serían las semejanzas y las diferencias que surgirían ante un visitante inglés familiarizado con el sistema de trabajo parlamentario de Westminster, si llegara a Washington al comenzar una nueva sesión?

Lo primero que le extrañaría, probablemente, en ambas Cámaras legislativas sería la ausencia de todo lo concerniente a la Tesorería, o Banco gubernamental. Bajo el régimen constitucional no puede pertenecer a ninguna de las Cámaras del Congreso ninguna persona que desempeñe algún cargo oficial en los Estados Unidos, durante el tiempo que lo desempeñe. Como consecuencia de esto, ni el Presidente ni su Gabinete, es decir, los ministros que se hallan al frente de sus departamentos ejecutivos, pueden formar parte de la Cámara. En Inglaterra, los ministros responsables de la labor ejecutiva del Gobierno son miembros de una de las dos Cámaras legislativas, responsables de su actuación ante el Parlamento, y de un modo especial ante la Cámara de los Comunes; a su vez, como directores de partidos políticos predominantes, pueden dirigir y controlar la acción de esta Cámara.

En los Estados Unidos no goza el Presidente de la inmunidad en lo que se refiere a responsabilidades políticas y administrativas, como ocurre con el Rey de Inglaterra, pero dispone de más poderes: no solamente reina, sino que gobierna. Él y sus ministros no tienen que consultar al Congreso, en sus actuaciones, como los ministros del Rey tienen que hacerlo respecto del Parlamento; pero, en cambio, no pueden guiar y dirigir, como los ministros ingleses, la acción de la Legislatura.

Por otro artículo de la Constitución, el Presidente ha de recomendar a la consideración del Congreso aquellas medidas que juzgue necesarias y viables. Lo hace por medio de un mensaje dirigido al Congreso al comenzar la sesión y este mensaje tiene cierta afinidad con el discurso de la Corona en la apertura del Parlamento. ¡Pero qué diferencia existe entre ambos! El discurso del Rey está preparado por sus ministros y expone el programa de sus proyectos legislativos. Este programa puede ser desenvuelto, hasta el límite que permitan las circunstancias, con la ayuda de su partido, y si tuviera algún tropiezo o fracaso en su desarrollo, caería bajo la crítica parlamentaria. Pero el Presidente no tiene ministros que le representen en el Congreso, ni que anuncien sus deseos e intenciones respecto a la labor legislativa.

Su mensaje es leído debidamente y pasa sin debate, a la comisión correspondiente, sin que sea preciso escuchar nada más sobre él. A veces produce el efecto de una explosión de pólvora sola.

El visitante inglés observará, probablemente, en los procedimientos del Congreso, diversas formas y costumbres que le recordarían las de Westminster. No debe causar esto sorpresa. Thomas Jefferson, cuándo fue Vicepresidente del Senado, recopiló, para uso de este, un manual de procedimientos del Parlamento inglés, y el manual de Jefferson rige aún los procedimientos de ambas Cámaras.

Pero si el visitante asiste a una reunión parlamentaria, especialmente de la Cámara más numerosa y popular, la de los Diputados, que corresponde en cierto modo a la Cámara de los Comunes, observará diferencias más importantes que las semejanzas existentes.

No hay muchos debates. El salón de la asamblea es más amplio que la Cámara de los Comunes de Westminster, y las comodidades para los miembros son mayores; pero las condiciones acústicas son inferiores. Es difícil que un miembro del Parlamento pueda hacerse oír fácilmente en un debate, siendo imposible hablar en tono de conversación. Esta es una de las diferencias. Existen otras, tales como las reuniones menos oficiales que tiene la Cámara, y que en Inglaterra se llaman comisiones del Pleno y en los Estados Unidos, Generales, siendo en Washington menos frecuentes que en Westminster. Ocurre también en Washington que la primera y segunda lectura de un proyecto de ley representan etapas oficiales en el desarrollo del mismo, y todos los proyectos pasan a alguna de las numerosas comisiones de la Cámara, y muchos no salen de ellas. En estas comisiones se desarrollan la mayoría de los asuntos legislativos del Congreso, incluyendo los trabajos financieros que en Westminster son hechos por la comisión de subsidios. El sistema de gobierno del Congreso se rige por comisiones del Congreso mismo.

El visitante de Washington puede tener la curiosidad de lanzar una mirada a la lista de los proyectos de ley presentados por el Congreso, examinando algunos de ellos para hacer una comparación con los proyectos presentados en Westminster. También hallará en este caso diferencias sobresalientes. El número total de proyectos públicos y privados, presentados en una sola sesión del Parlamento, asciende a centenares. En el sexto Congreso de Washington fueron presentados 44,500 proyectos y resoluciones. Se entiende por resoluciones las proposiciones legislativas no planteadas técnicamente en la forma peculiar de los proyectos de ley. De todos estos proyectos y proposiciones legislativas solamente unos 275 llegaron a ley; los restantes sucumbieron en las distintas comisiones a que fueron entregados para su estudio. Como puede verse, el total de la capacidad legislativa no difiere mucho de la que corresponde a la sesión inglesa, pero la proporción entre los proyectos presentados y los aprobados difiere enormemente en ambos casos.

En los proyectos de ley americanos no se establece, naturalmente, la diferencia inglesa entre proyectos gubernamentales, o presentados por el propio Gobierno, y proyectos privados, o presentados independientemente por cualquier miembro del Parlamento, ya que el Gobierno no se halla representado en la Cámara por ninguno de sus miembros. Cuando el Presidente o alguno de sus ministros desea que se presente un determinado proyecto de ley, debe recurrir extraoficialmente a algún miembro del Congreso, y el proyecto cuando es presentado corre la misma suerte de los demás.

No existe ninguna distinción entre proyectos públicos y privados. La mayoría de los proyectos presentados tratan de asuntos locales y personales, y serían clasificados en Inglaterra como proyectos privados; muchos de ellos afectan a una sola cuestión tal como la concesión de una pensión a una persona determinada o la construcción de un edificio. Son sugeridos y redactados para satisfacer algún caso especial, no para efectuar cambio alguno en la Ley general. Muchos de ellos tratan también de asuntos que en Inglaterra serían resueltos mediante órdenes y disposiciones de carácter ejecutivo. En los países en que, como en los Estados Unidos, se crea una línea divisoria entre la esfera legislativa y la ejecutiva del Gobierno, la Legislatura se encuentra siempre propicia a traspasar los linderos mezclándose en las actividades vecinas. En el Congreso americano, los ministros no pueden ser estimulados en su trabajo por la acción de mociones y preguntas.

En Inglaterra, como hemos visto ya, la misión del Ministerio es ordenar los negocios públicos y distribuir el tiempo en la Cámara de los Comunes. Es decir, actúa como una verdadera comisión de actividades de la Cámara. En la Cámara de los Estados Unidos no existe idea de tal comisión. El Presidente ocupa su puesto ostentando poderes que le colocan en una posición enteramente distinta a la del

Presidente de la Cámara de los Comunes. Se distribuyen todos los trabajos de la Cámara y son tratados, en su mayor parte, por medio de alguna de las cincuenta y pico de comisiones que son nombradas al comenzar el período parlamentario. Es el Presidente quien da los nombres de los miembros que han de formar estas comisiones y el que indica quién ha de presidirlas. Entre estas comisiones se halla la de arbitrios y la de apropiaciones que regula las tributaciones e inversiones del Gobierno Federal; también se encuentra entre ellas la Comisión de trámites que determina si se han de dar facilidades especiales para el estudio de determinados proyectos y para que sean cursados por las comisiones que los elaboran. Sin estas facilidades no puede ser aprobado ningún proyecto de ley importante, incluyéndose en ellas, a menudo, limitaciones que restringen el tiempo y el espacio de los discursos más severamente que cuando se pone en práctica en Inglaterra el sistema llamado del «cerrojo» o «guillotina».

La constitución de estas comisiones es el primer trabajo que tiene que emprender el Presidente después de su nombramiento y probablemente la misión más difícil e inquietante en que se ve envuelto, ya que del acierto en la elección depende el curso de los negocios oficiales de la Cámara. De esto se deduce que el Presidente americano no es, como su colega de Westminster, una autoridad presidencial que ha de juzgar imparcialmente, sino un poderoso jefe de partido.

Por último, entre las diferencias existentes, y no precisamente la menor, entre el Parlamento inglés y el Congreso americano, debemos fijar la atención en el hecho de que el Parlamento inglés es supremo, sin fuerza superior establecida por encima de sus facultades legislativas, libre de una Constitución escrita o de la influencia de una comunidad federal. Utilizando las palabras de un escritor de autoridad, podemos decir que «el Parlamento es una asamblea soberana y constituyente. Puede hacer y deshacer cualquier ley, cambiar la forma de gobierno y la sucesión de la Corona, intervenir en el curso de la justicia, extinguir los derechos más sagrados del ciudadano. No existe distinción legal entre él y el pueblo, porque la totalidad de los derechos del pueblo y de sus facultades civiles residen en él. Desde el punto de vista práctico y legal es el depositario único y supremo de, la autoridad de la nación y, por ello, es irresponsable y omnipotente dentro de la esfera de la ley.»

Estas son algunas de las semejanzas y diferencias existentes, de las que puede hallarse una exposición maestra y completa en la obra de Mr. Bryce titulada *El Estado Americano,* que será suficiente para poder demostrar cuán profundamente han diferido las características de la Legislatura americana de la institución venerable que puede decirse con propiedad ha sido su progenitora.

Pasemos ahora al Continente europeo. Cuando la invasión napoleónica ocurrida en la primera parte del siglo XIX, quedaron todos los Gobiernos de Europa convertidos en ruinas. Solamente quedó en pie la Constitución del Reino Unido sin que aparentemente se tambaleara, y los hombres de Estado de los demás países fijaron su atención en Inglaterra como modelo, en el momento de reedificar las viejas instituciones de gobierno o levantar otras nuevas. De aquí provienen las instituciones legislativas de carácter bicameral que fueron creadas en la mayor parte de Europa durante la última centuria. También los procedimientos parlamentarios del Continente han sido modelados, en gran parte, y copiados directa o indirectamente, de los de la Cámara de los Comunes de Westminster. La Asamblea Nacional, que fue la primera creación de la Revolución francesa de 1789, carecía de toda reglamentación o procedimientos de vida política, constituyéndose en pleno desorden. Mirabeau obtuvo de Dumont, cuyo nombre estuvo tan íntimamente ligado más tarde con Bentham, una recopilación de las reglas y procedimientos observados en la Cámara de los Comunes inglesa, la cual recopilación había sido hecha por Romilly y traducida al francés por Dumont. Mirabeau presentó a la mesa de la Asamblea francesa, una copia impresa de esta traducción como modelo que podía ser seguido provechosamente. Pero la Asamblea no quiso saber nada de ella. «No somos ingleses», se dijo, y «no queremos nada inglés». Como consecuencia de esto, fue dejada a un lado tal recopilación. Pero no desapareció, y según Guizot, sirvió de base a las reglas y procedimientos adoptados por la Cámara de los Diputados francesa después de la restauración de Luis XVIII. En cualquier caso, los procedimientos adoptados entonces en Francia habían tenido como modelo al tipo inglés e influyeron en los procedimientos parlamentarios de todos los otros países de Europa que vivían en régimen de Parlamento. De aquí se deduce que los orígenes de los procedimientos parlamentarios en todos estos países pueden hallar, directa o indirectamente, su fuente inicial en Westminster.

En el resto de Europa, algunas de las Constituciones, como las de Alemania, Austria-Hungría[1] y Suiza, son federales en su forma, pero los aspectos federativos difieren profundamente en estos tres casos. En casi todos los países existen dos Cámaras legislativas formadas y elegidas de diferentes maneras. En ninguno de ellos tienen estas, por completo, carácter hereditario. En Francia, Bélgica, Holanda y Suecia la Segunda Cámara es electiva en su totalidad, en Noruega apenas si es otra cosa que una comisión de la otra Cámara, en Italia los miembros del Senado son nombrados para toda la vida por designación real y del Consejo de Ministros, es decir, por el Gobierno contemporáneo.

También difieren profundamente en los diferentes países las relaciones entre el jefe del poder ejecutivo, sea Emperador, Rey o Presidente, y la Legislatura. Ni en Alemania ni en Austria existían Gobiernos parlamentarios en el sentido inglés de este concepto. El Emperador elegía sus ministros, y la continuidad en los cargos de estos no dependía de la voluntad del Parlamento. Pero sí existía dependencia en lo que afecta a los recursos financieros y tributaciones que habían de ser aprobados por la Legislatura, por lo que el Jefe del poder ejecutivo podía hallar dificultades financieras, al menos que sus ministros dispusieran del apoyo de alguna combinación de partido o grupos políticos de la mayoría. Los Gobiernos de estos países desenvuelven su actividad por medio de cargos públicos, los que en mayor o en menor grado están bajo la influencia de asambleas elegidas por procedimientos más o menos democráticos.

En Francia, Italia, Bélgica y Holanda (se pueden agregar algunos otros nombres) existen Gobiernos parlamentarios que se acercan mucho más al del Reino Unido. En Francia el Presidente, en Italia y Bélgica el Rey, en Holanda la Reina, no rigen por sí mismos al país, sino que, al igual que; ocurre en Inglaterra, gobiernan por medio de sus ministros, quienes son miembros del Parlamento y responsables ante él de sus acciones.

[1] En los dos primeros países, el fin de la guerra europea ha influido en su régimen de gobierno, manteniéndose en Alemania la organización federal y desmembrándose el Imperio Austro-Húngaro.

Vamos a fijarnos en Francia, como vecino más cercano, para establecer una comparación entre la Legislatura reunida en París y la de Westminster. En la Legislatura francesa hay dos Cámaras: la de los Diputados, formada por 584 miembros, de elección directa, para un plazo de tiempo de cuatro años, la cual se nombra por sufragio universal, y el Senado, que consta de 300 senadores elegidos por sistema indirecto para un plazo de nueve años; de esta cifra de Senadores la tercera parte cesan anualmente. El Senador debe tener como mínimo 40 años de edad. Se distribuyen los puestos de los Senadores por departamentos, existiendo analogías entre un departamento francés y un condado inglés, y en cuanto a los electores para Senadores, los ingleses que estudian estos temas los han equiparado: 1.°, a los miembros del condado; 2.°, al presidente y miembros del Consejo condal; 3.°, a los Consejos de distrito, y 4.°, a los delegados o compromisarios elegidos por los Consejos urbanos y parroquiales.

El Senado francés es una institución muy seria y compuesta por hombres eminentes de gran habilidad y experiencia política. Sus poderes son, en ciertos respectos, mayores que los de la Cámara de los Lores inglesa, ya que, aunque no puede iniciar ninguna medida financiera, reclama y ejerce el derecho de introducir enmiendas sobre ellas. Pero políticamente es una institución mucho más débil que la Cámara de los Diputados, y aunque una votación adversa del Senado ha producido, en una o dos ocasiones, la caída de un Ministerio débil, esto ha ocurrido como casos excepcionales. El Ministerio francés es responsable de un modo primordial en sus actuaciones ante la Cámara más popular, la de los Diputados, y su existencia depende del apoyo que tenga en esta Cámara.

Las dos Cámaras de la Legislatura francesa no están instaladas en el mismo edificio, como en Westminster y Washington, sino que ocupan edificios distintos situados a alguna distancia uno de otro; ambos edificios son palacios que datan de la época de la monarquía francesa. El Senado se encuentra instalado en el Palacio de Luxemburgo y los diputados en lo que se conoce comúnmente bajo el nombre de Palacio Borbón.

Si entramos en el salón en que tienen sus reuniones los diputados nos hallamos con un departamento muy diferente a la Cámara de los Comunes inglesa. Está distribuido en forma de anfiteatro, con sillones colocados circularmente, en hileras, una detrás de otra. En estos asientos se acomodan los diputados; encima, en galerías, están los visitantes, y enfrente de los diputados se levanta una plataforma semejante al escenario de un teatro, en que se encuentra el sillón presidencial, y la mesa con sillas y mesas para los empleados que actúan a su lado. Enfrente de este escenario se halla la tribuna, que es un pequeño púlpito al que sube el diputado que desea hablar. Estas diferencias en el orden estructural, entre la Cámara inglesa y la francesa, justifican y producen las otras diferencias existentes en los procedimientos.

En la Cámara de los Comunes se sientan los representantes de los dos grandes partidos políticos, el del Gobierno y el que representa la oposición normal, los unos enfrente de los otros, en puntos opuestos de la Cámara. Los diputados de la Irlanda del Norte y los liberales se colocan debajo del pasillo. En la Cámara francesa no existe línea divisoria semejante ni demarcación entre los que apoyan normalmente al Gobierno y los que lo combaten. Los ministros se sientan en el centro, enfrente del Presidente y de la tribuna. A ambos lados y detrás de ellos se colocan los diversos grupos, dividiéndose hacia la derecha y hacia la izquierda; la parte que se halla a la mano derecha del Presidente corresponde, por tradición, a la fracción más conservadora en las opiniones del Parlamento. La distribución de asientos orienta y facilita la acción parlamentaria, realizada más bien por grupos que por partidos, teniendo en cuenta que el sistema de trabajo del parlamentarismo francés se basa, no como en Inglaterra, en alternativas en el ejercicio del poder por los dos partidos de oposición, sino en la combinación de grupos políticos. En Francia es una excepción y no una regla el cambio completo de Ministerios, que implica la sustitución de un grupo político, anteriormente en oposición del que gobernaba antes. Lo que se realiza frecuentemente es una reconstrucción parcial del Ministerio, que deja a algunos de sus anteriores miembros en ciertos departamentos, pero que modifica su complexión política y sus afinidades para adaptarse a las necesidades de la situación. Y en ningún caso los ministros pasan a instalarse de un lado de la Cámara al otro cuando abandonan su misión: el Ministerio permanece en el centro de la Cámara, cualquiera que sea el grupo que predomine.

La disposición que hace que el diputado francés hable desde la tribuna, no desde su propio sitio de la Cámara, parece tener por causa la idea de favorecer los discursos escritos. El orador francés, en lugar de ocultar las miradas que lanza furtivamente a sus notas, coloca con toda desenvoltura ante el cómodo pupitre de su púlpito el manuscrito de su discurso. Esta costumbre no es práctica para mantener el orden. En Westminster, el miembro parlamentario debe permanecer en pie mientras habla, y está establecido que no pueden estar dos parlamentarios levantados a la vez; el orador que hace uso de la palabra se sienta a menudo en su puesto, por un momento, con el fin de que otro miembro parlamentario pueda hacer una aclaración o una observación sobre lo que trata. Estas interrupciones extraoficiales y no autorizadas no pueden regularse debidamente con la costumbre de hablar desde la tribuna, y, como consecuencia de ella, el parlamentario francés se ve obligado, a menudo, a desarrollar su discurso en medio de un precipitado caudal de interrupciones irregulares que el Presidente trata de suspender ineficazmente con ayuda de su plegadera y de su campanilla.

Esta es, cuando menos, la impresión que produce la Cámara francesa a un visitante inglés; pero el sistema tiene, sin duda alguna, otras compensaciones ventajosas que el extranjero puede valuar y observar. Se dice, y probablemente con razón, que en la Cámara francesa se desarrolla una oratoria más depurada y que su estilo es menos despreocupado y familiar que el peculiar de Westminster.

Estas son algunas de las diferencias superficiales que surgen ante el visitante casual. La observación detenida de los procedimientos de la Cámara francesa hace que aparezcan otras diferencias de mayor importancia entre sus modos de desenvolverse y los de la Cámara de los Comunes. Entre ellas está el sistema de comisiones, que difiere materialmente de la práctica establecida en Westminster y Washington. Los miembros de la Cámara se distribuyen en once secciones, las cuales se renuevan mensualmente. Su misión principal es la de nombrar los miembros de las comisiones a las que pasan los proyectos de ley antes de ser discutidos en la Cámara. Cada proyecto pasa a ser estudiado preliminarmente en una de estas comisiones, y cuando sale de ellas se encomienda, no al miembro que la presentó a la Cámara, sino al miembro que ha sido designado por la comisión para que proceda a su información en la Cámara. La comisión más fuerte es la de Hacienda, a la que se entrega el proyecto de presupuesto de Hacienda anual para su estudio, resultando del sistema francés que el ministro elimina su responsabilidad e influencia preponderante sobre la suerte de sus proposiciones financieras que en Inglaterra corresponde al ministro de Hacienda.

En Francia y en otros países de Europa regidos por Gobiernos parlamentarios, los principios políticos de origen inglés han dado lugar a instituciones que difieren profundamente de las inglesas en su historia, tradición y formas de procedimientos, y a menudo han sufrido curiosas metamorfosis en su adaptación al nuevo ambiente. En el Imperio británico los grandes Dominios autónomos no solamente han copiado las formas británicas de Gobierno parlamentario, sino que han heredado las tradiciones inglesas y las costumbres y modos de pensar.

Las posesiones inglesas que suelen ser clasificadas bajo la denominación común de Colonias han sido divididas en dos clases: Dominios y Colonias. La primera clase está formada por las federaciones del Canadá, Australia, Nueva Zelanda y por el Estado libre de Irlanda. La otra clasificación comprende las Islas del Oeste de la India y las numerosas colonias que se hallan esparcidas por diversas partes del mundo. Los Dominios gozan de lo que puede llamarse Gobierno responsable; es decir, son regidos según el tipo inglés, por ministros responsables ante el Parlamento y cuya existencia depende del apoyo de la mayoría de la Legislatura. En el otro grupo, el predominio de la Legislatura sobre el poder ejecutivo es nulo o incompleto, y su independencia respecto del Ministerio de las Colonias es mayor. Al hacer el estudio comparativo con el gobierno parlamentario de Inglaterra podemos poner aparte a las Colonias, fijando nuestra atención en los Dominios autónomos. Para establecer una comparación, escogeremos tres puntos principales de coincidencia y tres puntos principales de diferencia.

En primer lugar empezaremos por los puntos de coincidencia: 1.°, la Legislatura de los Dominios autónomos está formada, salvo escasas excepciones, por dos Cámaras; 2.°, el poder ejecutivo es responsable ante la Legislatura, y 3.°, el procedimiento de los cuerpos legislativos está modelado, con gran semejanza, sobre el procedimiento parlamentario de Inglaterra. La Primera Cámara es siempre electiva. La Segunda Cámara se forma de distintas maneras. En el Canadá los miembros de la Segunda Cámara son nombrados por la Corona para toda la vida, es decir, el nombramiento lo hace el Gobernador general que actúa en el Consejo de los ministros del Canadá. Los miembros del Senado son elegidos en Australia por medio de un amplio sufragio popular. En la federación del Sur de África se han hecho experimentos de representación proporcional. Cada una de las provincias que forman el Dominio del Canadá tiene, con la única excepción de Quebec y Nueva Escocia, una sola Cámara legislativa. En cuatro de los Estados que forman Australia, los miembros del Senado son electivos; en los otros dos, Nueva Gales del Sur y Queensland, son vitalicios. En Nueva Zelanda los miembros del Senado son nombrados para un número determinado de años. En los territorios en que es electiva la Segunda Cámara, las condiciones de la elección son mucho más restringidas que las que regulan la elección de la Cámara popular. Existe una importante excepción en el Estado australiano, en el cual las condiciones establecidas para las elecciones de ambas Cámaras son similares. Es conveniente advertir que el sistema de trabajo bicameral no ha sido muy satisfactorio en estos países. Al Senado del Canadá se le juzga como una institución débil, no en el sentido de que sus miembros carezcan de carácter personal o de habilidad, sino porque ejercen muy pocos poderes políticos, y se halla en estudio la reforma de su Constitución. En la mayor parte de las antiguas provincias del Canadá se ha desechado el sistema de dos Cámaras; en las nuevas provincias no lo han adoptado. Todas las Colonias que forman en la actualidad los Estados australianos (salvo Queensland, que suprimió su Cámara Alta por una ley aprobada en 1922), tienen una Segunda Cámara, pero, en muchos de ellos, ha habido violentos conflictos entre los dos organismos.

En la Constitución de los Dominios no pueden ser hallados los principios en que se basa esta forma de gobierno, al igual que ocurre en el Reino Unido con los mismos principios parlamentarios, los cuales no están estatuidos en ninguna acta del Parlamento. Ha sido suficiente para establecerlos, en los citados Dominios, dar instrucciones a los Gobernadores para que elijan sus consejeros entre aquellos que puedan ostentar la confianza de una mayoría de la Legislatura, guiándose por sus consejos excepto en aquellos asuntos que afectan al Imperio y se diferencian de los de carácter local. Así fue cómo se concedió al Transvaal esta clase de gobierno. Una vez reconocidos tales principios, surgen todos los demás como una cuestión de práctica constitucional.

En los últimos tiempos, el procedimiento puesto en vigor en estos cuerpos legislativos sigue, de un modo muy paralelo, el procedimiento parlamentario de Westminster. El instrumento de la Constitución tiene establecida la disposición de que, a falta de instrucciones especificadas, el procedimiento de la Legislatura debe estar de acuerdo con el sistema parlamentario de Westminster; las disposiciones de carácter permanente de las Legislaturas de los Dominios y de las Colonias han copiado una gran parte de sus ordenaciones de la ya citada obra de May, *Procedimiento Parlamentario,* reproduciendo algunas veces formas y ceremonias que en Inglaterra están ya en desuso.

Ya nos hemos ocupado con suficiente extensión de los extremos esenciales de coincidencia entre el Gobierno parlamentario del Reino Unido y el Gobierno parlamentario de los Dominios británicos. Los puntos en que se establecen principalmente, las diferencias son tres: En todos los Dominios, los poderes de la Legislatura están limitados; en la mayoría de ellos la forma de gobierno es federal; en todos ellos el espíritu del Gobierno es más democrático.

Como hemos visto, el Parlamento del Reino Unido ejerce funciones supremas. Es posible imaginarse que puedan ocurrir casos en que la validez de un acta del Parlamento sea discutida en un tribunal de justicia, pero tales casos no se dan nunca. En los Dominios, los poderes de la Legislatura están limitados en ciertos aspectos, y la validez de lo establecido en sus actas puede ser discutido, y a menudo ocurre así, en tribunales de Justicia. No se pueden dictar leyes en contraposición con ninguna ley del Parlamento de las que ejercen jurisdicción en todos los Dominios, pero tales leyes no son numerosas. Sus poderes se basan en la Constitución escrita, y no pueden excederse de lo que en ellas se confiere. En los casos en que la Constitución es federal, los poderes de la Legislatura central y los de las Legislaturas locales establecen sus limitaciones en mutua relación. Y, por último, el poder desautorizar acuerdos estatuidos en actas del Parlamento después de aprobados, facultad que correspondía al veto ejercido anteriormente por el Rey se halla todavía en vigor y es ejercido por el Rey en los casos de acuerdos aprobados en leyes de los Dominios británicos. En otro tiempo, esta facultad fue ejercida muy liberalmente, pero su ejercicio es ahora muy raro y es casi una regla que no ocurra sino en aquellos casos en que la Legislatura se hubiera excedido claramente en sus funciones, o la cuestión legislada entrara dentro del concepto de carácter imperial, que se distingue de los asuntos de carácter local.

Terranova no ha sido absorbida por el Dominio del Canadá. Nueva Zelanda permaneció independiente del Estado de Australia. Pero, salvo estas excepciones, los Dominios autónomos se rigen por una forma de gobierno federal. El Canadá fue el primero que estableció la federación. El acta de 1867 por la que se constituía el Dominio del Canadá contiene muchas formas políticas sugeridas por la Constitución de los Estados Unidos, pero difiere de esta en varios aspectos importantes, especialmente al dar mayores poderes al Gobierno central. En los Estados Unidos se prejuzga que aquellos poderes que no se hayan dado de un modo específico al Gobierno federal pertenecen a los Estados particulares. En el Canadá sucede lo contrario. Al obtener Australia en 1900, su Constitución federal, tomó más elementos del sistema de federación de los Estados Unidos, pero se ve la tendencia a fortalecer el poder de la Legislatura central. La Constitución sudafricana de 1909 es más unitaria y menos federal, es decir, los poderes del Gobierno central son mayores, los de los Estados particulares, menores, lo mismo en el Canadá que en Australia.

No es preciso insistir sobre el carácter democrático de la legislación en los Dominios británicos. Los colonizadores que organizaron políticamente el Canadá, Australia y Nueva Zelanda, llevaron consigo muchas tradiciones inglesas, pero no las tradiciones de la aristocracia de Inglaterra. La existencia, en algunos de estos países, de una Legislatura que contenga elementos hereditarios en su composición, es casi inconcebible. Los experimentos legislativos ensayados constantemente en Australia y en Nueva Zelanda nos demuestran cuán poderosa es la influencia ejercida por las clases trabajadoras en la actuación de sus Legislaturas.

Podrían extenderse indefinidamente estos estudios comparativos; pero terminaremos como empezamos. El Parlamento modelo, convocado por Eduardo, el primer rey Plantagenet, puede ser considerado como origen de todos los Parlamentos y Legislaturas que, durante el reinado en el trono de Inglaterra de su último homónimo, dictaron leyes en todos los países del mundo civilizado.

NOTA. La Gran Guerra ha destruido algunas de las Constituciones europeas que han sido estudiadas en este capítulo.

BREVE NOTICIA ACERCA DEL PARLAMENTO ESPAÑOL

En España, el constitucionalismo moderno se basa en principios semejantes a los de la mayoría de los países de Europa. En las épocas primitivas existían tres elementos de organización política: la aristocracia, el clero y la clase llana o villanos.

La historia de todas las instituciones políticas no es otra cosa que la de las luchas que por la hegemonía se desarrollan entre estos tres estamentos. La monarquía en España, al igual que en los primeros tiempos del parlamentarismo inglés, tuvo su principal sostén en la aristocracia; posteriormente, los monarcas, acosados por las exigencias de las clases poderosas, buscaron auxilio en los humildes, concediendo libertades a los pueblos con el fin de hallar en ellos una fuerza compensadora de la influencia de la nobleza.

Estos elementos básicos no son peculiares de tal o cual pueblo, de tal o cual civilización; los hallamos originariamente en casi todos los países con alguna diversidad de matices. En lo que afecta a España, durante la dominación morisca se sustentaba en la aristocracia hereditaria, formada por las familias más poderosas y antiguas, y eminentemente guerrera; en la clase religiosa, constituida por *cadíes, imanes* y *jeques,* y en la clase humilde.

Las fuentes constitucionales arrancan, en España, de los reinos de Aragón, Navarra y Castilla, es decir, de los grupos de nacionalidad nacidos con ocasión de la Reconquista.

La monarquía surgió con carácter electivo, evolucionando hasta hacerse hereditaria, y se regía por un pacto según el cual el Rey se comprometía a respetar determinados privilegios a la nobleza y a los pueblos (principio constitucional). El respeto a tales privilegios, unas veces justos y otras abusivos, dependía del carácter de los monarcas, aunque algunas veces también de la condición más o menos rebelde de la nobleza.

Castilla y Aragón nos ofrecen los principios constitucionales más típicos.

Las Cortes surgen en Castilla como una evolución lógica de los Concilios de Toledo; venían a tener aquéllas el mismo carácter que las primeras Cortes inglesas, ya que a ellas enviaban las clases humildes, por mediación de las villas, procuradores que formulaban al Rey diversas peticiones. Estos orígenes constitucionales se remontan en Castilla al siglo XII.

Estas primeras Cortes no tenían facultades legislativas, sino que su única misión consistía en formular al monarca las peticiones que los pueblos creían oportunas. Pero es indiscutible que, desde su nacimiento, las Cortes tenían que influir forzosamente en el desarrollo de los negocios públicos, ya que representaban una organización civil, dotada de fuerza política.

El *Fuero Viejo* de Castilla investía al monarca con cuatro poderes: *Justicia, moneda, fonsadera* (tributo pagado por los que no podían ir a servir al Rey) y *sus yantares* (obligación de mantener al Rey y su familia cuando viajaban).

Al iniciarse la Reconquista en las montañas astures y aragonesas, surgen dos núcleos de nacionalidad: el castellano y el aragonés. El Condado independiente de León y el de Sobrarbe son los primeros núcleos organizados. Junto a estos se inician otros. En Castilla, los de Burgos fundan otro Condado no sujeto al yugo leonés.

El Código inicial de todos estos primeros grupos castellanos fue el *Fuero Juzgo,* y con el desarrollo de la Reconquista y las necesidades y evoluciones naturales se fueron estableciendo formas e instituciones peculiares, comenzando a reunirse Cortes correspondientes a cada uno de estos Estados nacientes.

El principal elemento que influyó en la reunión de tales Cortes fueron los Municipios, que iban recibiendo de la monarquía *Cartas Pueblas* regulando sus libertades y franquicias contra la opresión de la nobleza y de la propia Corona.

De las fuerzas de estas municipalidades medievales y de sus Cortes nos hablan elocuentemente datos tan convincentes como los conservados en las actas de algunas de ellas. Las de Valladolid, en 1283 votan que «el rey o su mujer coman 150 mr. e non más». No es raro el caso en que las Cortes de Castilla, como las del resto de España, se ocupen hasta de la vida privada del Rey, y que este pida subsidios para fines de guerra u otros que le son denegados, por no creerlos las Cortes justos o necesarios.

Las Cortes, a las que enviaban las municipalidades sus representantes, eran algo vivo que actuaba e intervenía eficazmente en la marcha de los negocios de la nación, y aunque está fuera de toda duda que la influencia del Rey era de importancia capital, es también indiscutible que los privilegios que fueron estableciéndose en ellas en favor de los pueblos representaban un control poderoso.

En Aragón, las primeras Cortes habidas en el siglo XI marcan profundamente la tendencia constitucional, presentándose los Municipios como verdaderos baluartes contra los abusos de la nobleza y de los monarcas. Tanto en Castilla como en Aragón, ya en los siglos XI y XII la autoridad del monarca se halla condicionada. Para hacer la guerra y la paz, y para imponer tributos precisa el consentimiento de las Cortes, formadas, como hemos dicho, por los procuradores de los pueblos y los representantes de la Iglesia y de la nobleza.

La Constitución aragonesa es fuente copiosísima de valores políticos, juzgándose como una de las más justas, acaso la más perfecta de la Edad Media. Se tendía en ella a sentar el principio constitucional basado en un pacto entre la monarquía hereditaria (en un principio fue también electiva) y las Cortes como representantes de la nación. Entre las instituciones más interesantes de Aragón destaca la del Justiciazgo. Es curioso ver cómo en plena Edad Media se inician los primeros atisbos constitucionales, haciendo surgir ante el poder omnímodo del Rey la figura del Justicia. No es momento oportuno para tratar de los orígenes de esta institución. Refiriéndonos solamente a su valor político, se adivina este fácilmente teniendo en cuenta el estado de la época. Era el Justicia mayor una verdadera garantía constitucional para que fuera respetado el pacto social sobre el que todo Gobierno debe basarse. De esta forma hablaba Aragón, con muchos siglos por anticipado, un lenguaje que es moderna expresión de un Estado ideal. La función más representativa del Justicia era la de resolver por medio de un tribunal las diferencias entre el pueblo y el Rey en materia de contrafueros, es decir, en materia constitucional. Tenía también el Justicia otras facultades, entre ellas la de recibir del Rey juramento, comprometiéndose a respetar los fueros y privilegios. Sus decisiones poseían carácter ejecutivo, representando una institución permanente que velaba por la interpretación y cumplimiento de los citados derechos y privilegios de la nación.

Las Cortes de España se reunían en distintas épocas y lugares que designaba el Rey, el cual asumía el poder legislativo auxiliado por las Cortes y con las limitaciones fijadas por ellas. Ejercía el poder ejecutivo y judicial por medio de sus privados y subalternos. A las Cortes aragonesas, y en su pleno esplendor, asistían como brazos: la Iglesia, la nobleza, los caballeros y las Universidades (especie de mancomunidades).

Cuando las Cortes aragonesas se disolvían, velaba por los derechos nacionales la Diputación de Aragón reunida en Zaragoza.

Las Cortes españolas fueron robusteciéndose y consolidándose a la vez que se desenvolvían y consolidaban las municipalidades, hasta convertirse en elemento imprescindible en la vida nacional. Desde sus orígenes se observó el principio de que, en cuestiones de guerra y de paz y en lo relativo a tributaciones, el Rey tenía que ponerse previamente de acuerdo con la nación por medio de sus Cortes, lo que coincide con las atribuciones de los Parlamentos ingleses de la Edad Media. No debemos olvidar que, durante una parte de esta época, los Estados españoles tenían una extraordinaria importancia internacional, y tanto sus Municipios como sus instituciones parlamentarias adquirieron gran desarrollo, rigiéndose por normas y orientaciones propias en lugar de inspirarse en instituciones similares de otros países.

Al unirse Castilla y Aragón por el casamiento de Isabel y Fernando, las Cortes estaban en pleno desenvolvimiento en ambos países, perdurando después de la unión en cada uno de ellos, ya que esta se hizo sobre una base federal inspirada por la Constitución de la monarquía catalano-aragonesa.

La decadencia de las Cortes se produjo paralelamente a la de las municipalidades. Los Austrias iniciaron el pensamiento político de gobernar por sí mismos, régimen sano cuando es ejercido por un monarca hábil, enérgico e inteligente, pero de resultados dudosos en caso contrario. Con el principio del gobierno unipersonal se robusteció el poder central, pero se debilitó la vitalidad de los Municipios, que decayeron a la vez que las Cortes, que eran su más elocuente expresión. Carlos I absorbió el gobierno del país al igual que su sucesor Felipe II, afianzando la autoridad de la monarquía, pero sus sucesores no tuvieron sus condiciones personales y por ello la nación no disfrutó de las ventajas de aquel sistema, y en cambio padeció sus defectos.

Carlos I acabó en Villalar con las libertades de las Comunidades castellanas, y Felipe II dio un golpe de muerte a la institución del Justiciazgo aragonés con la decapitación de Lanuza.

En el siglo XVII, las Cortes tienen escaso valor, y durante el reinado de Felipe IV, aunque seguían reuniéndose, su importancia e influencia eran muy escasas. En la mitad del siglo XVII no se celebraban Cortes en Castilla, sino solamente en Navarra y Aragón.

Felipe V de Borbón anuló todos los fueros políticos de los aragoneses, castigando así la preferencia de este reino por el archiduque Carlos, con lo que las Cortes decayeron más aún hasta que terminaron por reunirse solamente en Madrid. Carlos III, el gran monarca español, dio nuevos impulsos a los Municipios, y España hubiera entrado seguramente en una etapa de renacimiento parlamentario si sus sucesores hubiesen seguido la misma trayectoria. Durante el reinado de Carlos IV el sistema de gobierno era técnicamente unipersonal, asumiendo el Rey todos los poderes y quedando solamente de las antiguas Cortes las que se reunían en Navarra.

La invasión francesa y los principios de la Revolución repercutieron en España como en casi todos los países de Europa. En España, en esta época, las instituciones parlamentarias se hallaban moribundas. Surgieron y revivieron por instinto de conservación, ya que representaban el grado de vitalidad del país.

Los patriotas del Sur de España convocaron a Cortes en Cádiz tratando de reorganizar políticamente la parte de España que no estaba en poder de los franceses, y con el fin de dar alientos a la nación. Después de vicisitudes y aplazamientos se celebraron, echándose en 1812 los cimientos de una Constitución nueva, que se juró el 19 de marzo. No hemos de entrar en detalles sobre las orientaciones de reorganización administrativa de esa Constitución. Sus bases fundamentales son la soberanía nacional y el reconocimiento de la facultad legislativa de las Cortes, que debían reunirse anualmente en la capitalidad, constando de 40 miembros nombrados por elección indirecta, siendo de dos años la duración de sus funciones. Los poderes de las Cortes eran amplios, ofreciendo garantías constitucionales sólidas. El Rey ostentaba el poder ejecutivo por medio de siete ministros, siendo declarado inviolable e irresponsable.

Posteriormente a esta Constitución fueron haciéndose modificaciones parlamentarias hasta llegar a la vigente de 1876, sobre cuya base se desenvolvió la vida parlamentaria hasta el año 1923.

El Parlamento español no está técnicamente ni peor ni mejor que los demás. Su eficacia está en razón directa de sus elementos directores y de la organización de los partidos políticos, aunque parece hacerse necesaria una transformación en el sistema electoral.

La Cámara de los Diputados conserva en la práctica el rango de institución legislativa iniciadora de las leyes. El Senado es más bien una fuerza reguladora que afianza y depura el poder legislativo de la Primera Cámara. La iniciativa de las leyes reside, no obstante, en ambas instituciones.

Como el sistema parlamentario es en España el de Gabinete y de partidos políticos, tanto el Senado como la Cámara de Diputados tienen similares organizaciones políticas, y los proyectos de ley que son aprobados en la Cámara de los Diputados suelen serlo también en el Senado, aunque son muchos los casos en que en la última Cámara hallan enconada oposición y suscitan debates movidos los proyectos legislativos que fueron aprobados en la primera. Esto es debido, en parte, a que la propia organización de partidos libra en el Senado la última batalla de sus debates legislativos, y, en parte también, a que en España, como en Inglaterra, el Senado está formado parcialmente por elementos hereditarios y determinadas clases sociales, que le dan un carácter más profundamente conservador y menos sujeto a los cambios de orientaciones gubernamentales, aunque, lo repetimos, la labor de ambas Cámaras es paralela, sin que existan las profundas diferencias técnicas que existen entre la Cámara de los Comunes y la de los Lores.

Hasta ahora, la Cámara de Diputados de España la forman unos 400 representantes elegidos por cinco años por sufragio universal directo. Da proporción guardada hasta las últimas Cortes fue de un diputado por cada 50,000 habitantes. Son electores y elegibles los mayores de edad (veinticinco años) inscritos en el censo electoral, que gocen de todos los derechos políticos y civiles y con residencia al menos de dos años en la circunscripción.

El Senado está constituido por 180 senadores por derecho propio: príncipes reales, grandes de España, capitanes generales, patriarcas de las Indias, primado de España, arzobispos, presidentes del Consejo de Estado, del Tribunal Supremo, del Tribunal de Cuentas. Además de estos se nombran 180 senadores electivos, nombramientos que los hacen las principales corporaciones oficiales, la Iglesia, las Universidades, las Sociedades de Amigos del País y los principales contribuyentes; el desempeño de su cargo dura hasta que se disuelve el Senado por disposición de la Corona.

Bajo la Constitución vigente hasta hoy, la Corona tiene la facultad de disolver, por decreto, las Cortes, y convocar las nuevas, lo que ha de cumplirse dentro de los tres meses siguientes a la disolución. El Rey designa al Presidente y Vicepresidente de la Cámara de los Diputados. El Senado nombra de entre sus miembros su junta directiva. Como hemos dicho la iniciativa legislativa reside en las Cortes, tanto en la Cámara de los Diputados como en el Senado, aunque la principal función legislativa corresponde a la primera de las Cámaras citadas. Del mismo modo se desarrollan diferentes medidas legislativas por medio de Reales decretos, principal elemento de gobierno cuando las Cortes están cerradas.

La Asamblea de Parlamentarios, celebrada en Barcelona en el mes de julio de 1917, pedía la apertura de las Cortes para que actuaran con carácter constituyente con el fin de modificar la organización del Estado.

En España, hasta el último Parlamento de 1923, al igual que en Inglaterra y diferenciándose de los Estados Unidos del Norte de América, los ministros de la Corona y el propio Presidente del Consejo, Jefe del Gobierno, que corresponde al primer ministro inglés, formaban parte del Parlamento y podían ser interpelados sobre su conducta gubernamental.

La actividad del Gobierno se desenvuelve por medio de departamentos o Ministerios y bajo las últimas Cortes eran estos: Estado, Gobernación, Gracia y Justicia, Hacienda, Instrucción pública y Bellas Artes, Fomento, Trabajo, Guerra, Marina, Industria y Comercio. Cada uno de estos Ministerios cuenta con organismos burocráticos muy ramificados. Huelga decir que si en Inglaterra, antes de la Reforma de 1832, intervenían en las elecciones el dinero, la influencia y la distribución de prebendas, en España fue este también mal arraigado. Especialmente representó una fuerza política importante, durante el transcurso del siglo XIX, la movilidad de la burocracia de los Ministerios. Se sabía que un cambio de Gobierno significaba una modificación en las plantillas de empleados, arma que esgrimían los partidos de turno con habilidad, aunque, desgraciadamente para ellos, tenía dos filos. Por fortuna, Villaverde, en 1899, dio una mayor solidez a los empleados de Administración pública, hasta que la Ley Electoral ofreció garantías a la burocracia y la ley del 4 de julio de 1918 confirmaba su inamovilidad, no pudiendo ser declarados cesantes sin previo expediente gubernativo contra el cual pueden entablar recurso contencioso-administrativo.

El Poder ejecutivo corresponde al Rey, que lo ejerce constitucionalmente por medio de su Consejo de Ministros, los cuales son responsables, mientras que el Rey no lo es.

Es difícil predecir el futuro desarrollo del Parlamento en España. Parece que todas las instituciones parlamentarias del mundo atraviesan una profunda crisis, y no es fácil aventurar si se producirán en la estructura de las futuras Cortes cambios profundos que marquen nuevos derroteros.

En España, el general Primo de Rivera se encargó del Poder previa la disolución de las Cortes, por Decreto del 17 de septiembre de 1923. El nuevo Gobierno, formado en un principio por un Directorio militar, evolucionó posteriormente con la intervención de elementos civiles. Este Gobierno dictó medidas legislativas, sin Cortes, por medio de Reales decretos.

Parece que existe la tendencia de modificar el régimen parlamentario y la estructura de las elecciones, poniéndose en vigor el voto proporcional o corporativo, aunque, lo repetimos, dada la inestabilidad y desorientación política del mundo, es más que difícil aventurar cuáles serán las modificaciones, y cuáles de estas, si las hay, tendrán un carácter sólido y perenne.

A fines de enero de 1930 se constituyó el gabinete Berenguer, con la promesa de efectuar el retorno a la normalidad constitucional: en el momento de efectuarse la reedición de este volumen se habla de la próxima celebración de elecciones parlamentarias. Pero no cabe formular juicio previo acerca de ,la eficacia del Parlamento que de ellas resulte.

BIBLIOGRAFÍA

Journals of the House of Lords (desde 1509).

Journals of the House of Commons (desde 1547).

COBBETT, *Parliamentary History of England from the Norman Conquest in 1066 to the year 1803,* 36 vol. Londres, 1800-1820.

STUBBS, *Constitutional History of England.* 3 vols. 5.ª ed. Londres, 1896.

F. W. MAITLAND, *Constitutional History of England.* Cambridge, 1908.

H. HATSCHEK, *Englische Verfassungsgeschichte bis z. Regierungsantritt der Königin Victoria.* Munich y Berlín, 1913.

W. PAROW, *Die englische Verfassung seit 100 Jahren u. die gegenwärtige Krisis.* Berlín, 1911.

W. BAGEHOT, *The English Constitution.* 1867.

T. ERSKINE MAY, *Parlimientary Practice.* 10.ª ed. Londres, 1893.

L. O. PIKE, *Constitutional History of the House of Lords.* Londres, 1894.

TODD, *Parliamentary Government in England.* 3.ª ed. Londres, 1893. 2 vols.

ANSON, *The Law and Custom of the Constitution.* Parte I: *Parliement.* 4.ª ed. Oxford, 1911.

J. REDLICH, *Recht u. Technik des englischen Parlamentarismus.* Leipzig, 1905.

J. H. B. MASTERMAN, *The House of Commons.* Londres, 1908.

M. TOYRAS RAPIN, *Dissertation sur les Whigs et les Torys.* La Haya, 1717.

W. HASBACH, *Die parlamentarische Kabinettsregierung.* Stuttgart y Berlín, 1919.

MARRIOTT, *Second Chambers.* Oxford, 1910.

TH. ZIEGLER, *Die geistige u. soziale Strömungen des 19. Jahrhunderts.* 1911.

L. BERGSTRÄSSER, *Geschichte der Reichsverfassung,* 1914.

— *Geschichte der politischen Parteien in Deutchsland.* Mannheim, 1922.

F. NAUMANN, *The politischer Parteien,* 1910.

BLUNTSCHLI, *Lehre von modernen Staat,* 3 vol. 1875-76.

STIER-SOMLO, *Politik.* 2.ª ed. 1911.

— *Von parlamentarischen Wahlrecht.* 1918.

K. DELBRÜCK, *Regierung u. Parlament.* 1914.

MAX WEBER, *Regierung u. Parlament in neuen Deutschland.* 1918.

PILOTY, *Das parlamentarische System,* 1918.

F. SALOMON, *Die deutsche Parteiprogramme.* 2.ª ed. Leipzig, 1912.

O. HERGNARD, *Les partis politiques en Allemagne.* París, 1922.

F. AUBERT, *Histoire du Parlement de París, des origines à Francois I.*

C. V. LANGLOIS, *Textes relatives à l'Histoire du Parlement depuis les origines jusqu'à 1814.* 1888.

F. A. HÉLIE, *Les Constitutions de la France.* París, 1880.

The Cambridge Modern History, vols. VIII-XII. Cambridge, 1904 y ss.

G. HANOTAUX, *Histoire de la France contemporaine.* París, 1904.

GOMEL, *Étude historique sur les Chambres hautes françaises et étrangères.*

M. BLOCH, *Dictionnaire de la politique.* París, 1872-74.

XIMÉNEZ DE EMBÚN, *Ensayo histórico acerca de los orígenes del reino de Aragón.*

BLANCAS, *Modo de proceder en Cortes de Aragón.* 1641.

CAPMANY, *Práctica y estilo de celebrar Cortes en el Reino de Aragón, Principado de Cataluña y Reino de Valencia, y una. noticia de las de Castilla y Navarra.*

J. SEMPERE, *Observaciones sobre las Cortes y sobre la ley fundamental de España.* 1810.

MARTÍNEZ MARINA, *Teoría de las Cortes o grandes Juntas nacionales de los Reinos de León y Castilla.* Madrid, 1813.

FLORES ESTRADA, *Defensa de las Cortes.* 1820.

V. DE P. MADRAZO, *Las Cortes españolas, 1810-1850.* 1857.

RICO Y AMAT, *Historia política y parlamentaria de España,* 1860.

F. SILVELA, *La inmunidad parlamentaria,* Madrid, 1889.

AZORÍN, *Parlamentarismo español.* Madrid.

L. FRISTACHI CUCCIO, *L'évolution constitutionnelle de la République Argentine.* París, 1920.

EL PARLAMENTO. SU HISTORIA, CONSTITUCIÓN Y PRÁCTICA,
de COURTENAY P. ILBERT, se imprimió
en la República Argentina en julio de 2020.

www.ingramcontent.com/pod-product-compliance
Lightning Source LLC
Chambersburg PA
CBHW061357240926
51846CB00007B/1441
* 9 7 8 9 5 6 3 9 2 8 0 6 8 *